化学化工文献检索简明教程

周 丹 主 编
谌 烈 次素琴 孙 青 副主编

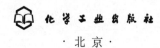

·北京·

内容简介

本书在概述化学化工文献基本知识的基础上，结合实例系统讲述了中国知网、维普、万方、SciFinder^n、ScienceDirect、Web of Science 等数据库以及中外文专利的检索方法和操作教程，同时介绍了文献管理软件 Endnote X9 的用法以及科技论文写作的基本知识。

本书与最新的文献检索网络数据库同步，紧密结合示例讲解检索方法，提供了大量的检索步骤截图，实用性和可操作性强，可大大提升课堂教学质量。本书还通过检索案例融入课程思政内容。本书配有电子教学课件，可通过扫描文后的二维码获取。

本书适合化学、化工、材料、环境、能源、生物、轻工等领域相关专业的教师和高年级本科生教学使用。

图书在版编目（CIP）数据

化学化工文献检索简明教程 / 周丹主编；谌烈，次素琴，孙青副主编. —北京：化学工业出版社，2022.8（2025.2 重印）
ISBN 978-7-122-42072-5

Ⅰ.①化… Ⅱ.①周… ②谌… ③次… ④孙… Ⅲ.①化学-情报检索-高等学校-教材②化学工业-情报检索-高等学校-教材　Ⅳ.①G252.7

中国版本图书馆 CIP 数据核字（2022）第 154204 号

责任编辑：傅聪智
责任校对：宋　玮
装帧设计：刘丽华

出版发行：化学工业出版社
　　　　　（北京市东城区青年湖南街13号　邮政编码100011）
印　　装：北京天宇星印刷厂
710mm×1000mm　1/16　印张 11¾　字数 216 千字
2025 年 2 月北京第 1 版第 2 次印刷

购书咨询：010-64518888
售后服务：010-64518899
网　　址：http://www.cip.com.cn

凡购买本书，如有缺损质量问题，本社销售中心负责调换。

定　　价：38.00元　　　　　　　　　　版权所有　违者必究

前 言

现在的文献资源浩如烟海,不仅有书本式的资源,还有电子资源。如何从信息的海洋中寻找需要的文献资源,又如何使用这些文献资源?这是困惑很多当代大学生获取所需文献信息的难题。

1984年教育部发出《关于在高等学校开设"文献检索与利用"课的通知》,1992年国家教委高等教育司以教高司[1992]44号文件也印发了《文献检索课教学基本要求》,足以看出国家对于文献检索这门课的重视以及文献检索课对提高大学生信息素养的重要性。

文献检索是一门以网络信息资源、相关检索系统的特点及使用方法为研究对象的方法课程,也是高等院校唯一的一门培养学生信息意识和获取文献信息能力的课程。化学化工文献检索旨在增强学生的信息素养,提高其获取文献信息的能力,培养学生的自学能力和独立检索能力,为其将来从事的职业以及实现知识与时俱进、为继续教育和终生学习奠定良好的基础。本教材结合编者十余年的材料化学文献检索本科课程教学经验,本着以学生为中心、以目标为导向(OBE)和持续改进的教学理念,结合国内外数据库、搜索引擎、网络资源和检索平台等,采用案例式、启发式和讨论式等教学模式,旨在充分调动学生自主学习的积极性,突出学生在教学过程中的主体地位。同时,以案例教学呈现每个数据库的具体检索方法和检索步骤,通过检索国内科学家的一些文献资料,挖掘课堂思政资源并融入国内科学家的先进事迹,在课堂精准滴灌思政元素,培养学生们的家国情怀和爱国精神,增强学生们的民族自豪感和民族自信心,实现教书与育人同频共振。

本书共十章,第一章主要介绍科技文献的基础知识;第二章、第三章和第四章主要介绍中国知网、维普中文期刊服务平台和万方数据知识服务平台三大中文数据库的具体检索步骤、检索方法以及检索技巧;第五章系统介绍了专利的基础知识和中外文专利的检索方法、检索技巧以及如何免费下载专利说明书全文;第六章介绍了美国化学文摘社(CAS)新开发的 SciFinder^n 的几种重要获取信息的方法,包含最新的逆合成路线设计和拟合成的物质的成本估算等;第七章通过案例教学介绍了

ScienceDirect 数据库的几种检索方法和检索技巧；第八章重点介绍了 Web of Science 数据库的基本检索、被引参考文献检索、高级检索、化学结构检索、检索式的管理及定题服务和如何跟踪关注的文章的引用情况；第九章全面介绍了经典文献管理软件 Endnote X9 的重要功能和使用方法；第十章着重介绍了科技论文写作，包含写作前的准备、期刊论文的框架与撰写要点和科技论文投稿。教材第二章、第四章、第五章、第七章、第八章、第九章由南昌航空大学周丹编写，第一章由南昌航空大学孙青编写，第三章由南昌大学谌烈编写，第六章由南昌大学徐镇田编写，第十章由南昌航空大学次素琴编写。教材第一主编单位为南昌航空大学，本书的出版得到了南昌航空大学教材建设基金的资助。

  本书的检索界面截图大部分截止到 2022 年 4 月，部分更新到 2022 年 8 月。因时间紧迫和编者的水平有限，本教材定有较多不足之处，敬请广大读者和专家批评指正！

编者

2022 年 8 月

目 录

第1章 科技文献基础知识 / 001

1.1 科技文献的基本常识 / 001
1.1.1 文献的定义与要素 / 001
1.1.2 文献的级别 / 001
1.1.3 文献的分类 / 002
1.2 科技文献的检索方法 / 005
1.2.1 科技文献的检索途径 / 005
1.2.2 文献检索的方法 / 006
1.2.3 引用文献的基本原则 / 007
1.3 化学化工文献的基本常识 / 009
1.3.1 化学化工文献的发展与特点 / 009
1.3.2 化学化工文献的检索途径 / 009

第2章 CNKI 中国知网 / 011

2.1 简单检索 / 011
2.2 高级检索 / 014
2.2.1 检索案例：钟南山院士的论文发表情况检索 / 015
2.2.2 精确检索和模糊检索 / 016
2.2.3 限制文献来源检索文献 / 019
2.2.4 通过基金号来源检索文献 / 019
2.2.5 学位论文的检索 / 020
2.3 专业检索 / 022
2.3.1 检索案例：摘要中含有"液晶聚乙炔"的文献检索 / 022
2.3.2 篇关摘检索和主题检索的区别 / 023

2.3.3　验证专业检索的匹配方式　/　025
2.3.4　专业检索中避免作者重名　/　025
2.4　作者发文检索　/　026
2.5　句子检索　/　027
2.6　本章作业　/　028

第 3 章　维普中文期刊服务平台　/　030

3.1　简单检索　/　030
3.2　高级检索　/　032
3.2.1　导出题录信息　/　033
3.2.2　下载全文　/　033
3.3　检索式检索　/　033
3.4　期刊导航检索　/　035
3.5　本章作业　/　036

第 4 章　万方数据知识服务平台　/　037

4.1　万方数据库简介　/　037
4.2　期刊检索　/　037
4.2.1　简单检索　/　037
4.2.2　分类检索　/　039
4.2.3　高级检索　/　042
4.2.4　专业检索　/　044
4.3　学位论文检索　/　047
4.3.1　学位论文全文数据库简单检索　/　047
4.3.2　学位论文全文数据库高级检索　/　049
4.4　学术会议论文全文数据库　/　050
4.4.1　会议论文全文数据库简单检索　/　050
4.4.2　会议论文全文数据库高级检索　/　051
4.5　本章作业　/　051

第 5 章 专利检索 / 053

- 5.1 专利简介 / 053
- 5.2 中国国家知识产权局专利检索及分析系统 / 056
  - 5.2.1 常规检索 / 056
  - 5.2.2 高级检索 / 057
  - 5.2.3 检索规则小结 / 063
  - 5.2.4 中国国家知识产权局专利检索及分析系统小结 / 063
- 5.3 中国知识产权网专利信息服务平台 / 064
  - 5.3.1 简单检索 / 064
  - 5.3.2 高级检索 / 067
  - 5.3.3 法律状态检索 / 074
  - 5.3.4 中国知识产权网专利信息服务平台小结 / 074
- 5.4 中国专利信息中心专利之星检索系统 / 075
  - 5.4.1 智能检索 / 075
  - 5.4.2 表格检索 / 077
- 5.5 欧洲专利局专利检索 / 079
  - 5.5.1 智能检索（Smart search） / 080
  - 5.5.2 高级检索（Advanced search） / 082
  - 5.5.3 分类检索（Classification search） / 083
- 5.6 中外文专利检索作业 / 085

第 6 章 SciFinder^n 数据库 / 086

- 6.1 数据库简介 / 086
- 6.2 全面检索（All） / 087
  - 6.2.1 查看相应的反应信息 / 088
  - 6.2.2 下载反应信息 / 089
  - 6.2.3 获取专利信息 / 091
  - 6.2.4 查看文献信息 / 093
  - 6.2.5 下载全文 / 093
  - 6.2.6 保存检索结果，设定信息更新提醒 / 094
- 6.3 物质检索（Substances） / 095

6.4 反应检索（Reactions） / 096
6.4.1 绘制化学结构式检索 / 096
6.4.2 逆合成路线设计工具——Retrosynthesis 的使用 / 098
6.5 文献检索（References） / 102
6.6 本章作业 / 103

第 7 章 ScienceDirect 数据库 / 104

7.1 数据库简介 / 104
7.2 查找与研究主题相关的文章 / 104
7.2.1 简单检索 / 104
7.2.2 高级检索 / 106
7.3 定制信息推送服务 / 108
7.4 本章作业 / 110

第 8 章 Web of Science 数据库 / 111

8.1 数据库简介 / 111
8.2 基本检索 / 111
8.2.1 快速锁定高影响力论文 / 112
8.2.2 查看某文献的施引文献信息 / 113
8.2.3 查看他引情况 / 114
8.2.4 快速检索到综述 / 116
8.3 被引参考文献检索 / 117
8.4 高级检索 / 118
8.5 化学结构检索 / 119
8.6 检索式的管理及定题服务 / 121
8.7 跟踪关注文章的引用情况 / 122
8.8 本章作业 / 124

第 9 章 文献管理软件 EndNote X9 快速入门 / 126

9.1 学习文献管理软件 EndNote 的意义 / 126

9.2 软件功能快速演示 / 126
9.3 在线检索 / 127
9.4 从数据库及网站导入文献到 EndNote 中 / 130
9.4.1 从 CNKI 数据库导入文献到 EndNote 中 / 130
9.4.2 从 WOS 导入文献到 EndNote 中 / 133
9.4.3 从百度学术导入文献到 EndNote 中 / 135
9.4.4 从 RSC 导入文献到 EndNote 中 / 137
9.4.5 从 ACS 导入文献到 EndNote 中 / 140
9.4.6 从 Wiley 导入文献到 EndNote 中 / 141
9.5 PDF 格式文献的导入 / 144
9.5.1 将单篇 PDF 文献导入 Endnote / 144
9.5.2 将 PDF 文献批量导入 Endnote / 145
9.5.3 监测某个文件夹有新的 PDF 文件自动导入 / 146
9.6 手动输入文献信息 / 148
9.7 EndNote 的管理功能 / 149
9.7.1 文献去重 / 149
9.7.2 查找文献全文 / 152
9.7.3 布局调整 / 153
9.7.4 快速搜索 / 156
9.7.5 智能分组 / 156
9.7.6 文献信息输出 / 157
9.8 利用 EndNote 进行文献引用 / 159
9.8.1 选择参考文献格式 / 161
9.8.2 手动更改参考文献格式模板 / 162
9.9 本章作业 / 165

第 10 章 科技论文写作 / 167

10.1 写作前的准备 / 167
10.1.1 选题 / 167
10.1.2 文献查阅 / 167
10.1.3 论文类型的选择 / 168
10.2 期刊论文的框架与撰写要点 / 170

10.2.1　期刊论文题名（Title） / 170
10.2.2　作者姓名+通讯地址 / 170
10.2.3　摘要（Abstract） / 170
10.2.4　关键词（keywords） / 171
10.2.5　引言（Introduction） / 171
10.2.6　材料与方法（Materials and Methods） / 172
10.2.7　结果与讨论（Results & Discussion） / 172
10.2.8　结论（Conclusions） / 173
10.2.9　致谢（Acknowledgements） / 173
10.2.10　参考文献（References） / 174
10.3　科技论文投稿 / 174
10.3.1　拟投稿期刊的选择 / 174
10.3.2　与期刊编辑的联系 / 175

参考文献　/　177

电子教学课件获取方式　/　178

第 1 章
科技文献基础知识

1.1 科技文献的基本常识

1.1.1 文献的定义与要素

记录知识或信息的载体称为文献。文献是采用文字、图像、符号和视频等技术方式，记载人类知识的一类中间作用载体，是人类脑力劳动技术结果的一类体现方式，同时也是人类交流沟通传播情报信息的基础方式。

文献的三要素为：①要有一定的知识内容；②要有用以保存和传递知识的记录方式，如文字、图形或符号、视频和声频等技术手段；③要有记录知识的物质载体，如纸张、感光材料和磁性材料等。

1.1.2 文献的级别

依据文献传递知识、信息的质和量的不同，以及加工层次的差异，文献可被分为四类，分别为零次文献、一次文献、二次文献和三次文献。

（1）零次文献

零次文献指的是最原始的没有通过正式对外公开发表，或者没有进入社会流通的文献，也被称为灰色文献。零次文献本身是非出版物，是一种特殊形式的信息源，它往往可通过口头交流沟通、笔记、综合设计草图、实验记录、实验报告、发言稿和书信等途径获取。零次文献不单单在主要内容上有一定的真实应用价值，还能够补偿一般公开文献从信息的客观产生到公开传播之间耗时久的问题。它有可能逐渐发展成为一次文献的材料，也可能会永远不被正式对外公开发表。

（2）一次文献

一次文献，也就是原始文献（或者称一级文献），是以作者本人的工作实践经验、观测或者真实科学研究结果为参考依照，创作出的具备一定创新性或者新见解的原始文献，如期刊论文、学位论文、科技报告、专利说明书和会议论文等。一次文献的主要信息内容，通常具备科学性与新颖性的特征，同时可反映出相关领域的最新科研成果，且内容论述较详细和具体。然而，一次文献的数目较为庞大和分散，一般分布在各类期刊、新闻媒体和会议论文集等。因此，检索起来有一定的困难，本书第二章至第八章详细论述了一次文献的检索方法和检索步骤。

(3) 二次文献

二次文献是指按照一定的方式，对一次文献进行加工整理，以使其有条理化而形成的一种文献。因此二次文献在主要内容上并不具有原创性，它仅仅是提供了相关一次文献的主要信息和内容线索，是为检索一次文献而编订的文献，是文献信息搜索的应用工具，因此常常被叫作"检索性文献"，包含索引、文摘、手册和专著等。

(4) 三次文献

三次文献是将分散的零次文献、一次文献和二次文献，通过全面研究和综合分析凝练而成的文献。三次文献通常包含综述、进展和评述、年鉴和百科全书等。三次文献是系统深入调研某一领域的详细资料，对该领域的发展历程、现状和发展趋势等有较系统而又深入的介绍，是获取某领域信息的有效途径。

1.1.3 文献的分类

文献依照出版方式的不同，可划分为图书、期刊、报纸、会议文献、科技报告、标准、专利、学位论文和电子资源等。

(1) 图书

图书有着种类多、数目大和范围广等特点，一般给读者提供全面性、一致性和连贯性的常识和数据。图书是历史详细描述成果的主要载体，也是人类融合内心深处、获得学问和传承专业知识的关键工具。UNESCO（United Nations Educational, Scientific and Cultural Organization，联合国教科文组织）对图书的定义为：凡由出版社（商）出版的不包括封面和封底在内 49 页以上的印刷品，具有特定的书名、著者名和国际标准书号，有定价并取得版权保护的出版物。现在，正式出版的图书均有 ISBN 号（International Standard Book Number，国际标准书号）。与其他印刷品相比，图书的不同之处是：内容系统、全面、准确，但是创作时间长，内容传播效率较低。按学科门类划分，图书可以分为社会科学与自然科学两类；按语言进行划分，可以分为中文和外文两种类型；按用途划分，可分为一般图书和工具书。

其中，专著是图书的一种，是对某一学科或某一专门课题进行较为集中的论述的著作，一般是对特定问题进行详细、系统考察或研究的结果。

(2) 期刊

期刊（periodicals），亦称为杂志（journal 或 magazine），是指有固定名称，用卷、期或者年、季、月顺序编号，按照一定周期出版的成册连续出版物。期刊具有出版周期短、报道快、生产量大和信息内容新等优点，是举足轻重的信息源和定期出版的刊物。根据发行周期，期刊可分为：周刊、旬刊、双周刊（半月刊）、月刊、季刊、半年刊和年刊等。按照有关规定，期刊出版单位创办期刊时，须经国家新闻出版主管部门批准，获得国内统一连续出版物号（CN）和中国标准连续出版物号（ISSN），领取《期刊出版许可证》。

期刊按内容一般可分为四大类：①一般期刊，强调知识性与趣味性，读者面广，如《读者文摘》《三联生活周刊》等；②学术期刊，主要刊载学术论文、研究报告、评论等文章，以专业工作者为主要对象；③行业期刊，主要报道各行各业的产品、市场行情、经营管理进展与动态；④检索期刊，如我国的《全国报刊索引》《全国新书目》，美国的《化学文摘》等。

期刊按学术地位分类可分为核心期刊和非核心期刊（通常所说的普刊）两大类。核心期刊是指在某一学科领域（或若干领域）中最能反映该学科的学术水平、信息量大、利用率高、受到普遍重视的权威性期刊。

(3) 报纸

报纸（newspaper）是以刊载新闻和时事评论为主的定期向公众发行的、不设封面且不进行装订的印刷出版物或电子类出版物。报纸是大众传播的重要载体，具有反映和引导社会舆论的功能。其特点是刊文迅速，接受者广，兼具地方性和通俗性。报纸有固定的发行时间和名称，持续向公众发行，通常有日报和周报。

(4) 会议文献

会议文献是指在学术会议上宣读和交流的论文、报告及其他有关资料。它是人们能够及时了解有关学科领域发展状况的重要渠道，涉及的专业内容相对较为新颖、即时性强，能反映各学科领域现阶段的最新进展。会议文献随着学术会议的召开而产生，一般没有固定的出版形式，是关键的文献情报来源。

(5) 科技报告

科技报告是记录某一科研项目调查、实验和研究成果或进展情况的报告，又称为研究报告或报告文献。科技报告产生于 20 世纪初，逐渐发展成为科技文献里的一大门类。它是在科学探究活动的每一段时期，由科技工作者根据相关规定要求与应用类型格式编写的，以累积、传播与交流沟通为主要发展目的，可以完整、实际地表现其所从事科学研究活动的技术详细内容与实践经验的特种文献。

(6) 标准

标准是由技术标准、综合管理标准、经济标准，以及其他具备标准性质的相似资料数据文件所构成的一类特种文献。它是一类具有一定法律约束力的规章性文献。狭义层面指的是按照规定要求应用程序制定，经过公认权威组织机构（如国家相关主管部门）审批通过的一系列在指定作用范围内需要实行的规格型号、标准规则和技术需求等标准规范性文献，简称为标准。广义层面指和标准化工作相关的所有文献，包含标准产生过程中的各类信息档案、宣传推广标准的设计应用手册以及其他多种出版物，揭示公开发布标准文献信息的目录、索引等。

根据国际标准化管理条例，我国标准可分为国家标准、行业标准、地方标准、企业标准，中国国家标准均冠以 GB（Guo Biao 的汉语拼音首字母），行业标准的代码多以主管部门的汉语拼音的两个首字母表示，企业标准一般是 QB（Qi Biao 的汉语拼音首字母）。涉及中国国家标准的主要文献有《中华人民共和国国家标准和行业标准目录》《中国国家标准汇编》和《中国国家标准分类汇编》等。检索工具有中国标准信息服务网、国家标准全文公开系统、国家标准化管理委员会网、中国政府网和中国标准网等。国际上最重要的标准化组织是 ISO（International Organization for Standardization，国际标准化组织），所以通常称国际标准为 ISO。涉及 ISO 的文献主要有《国际标准化组织标准目录》，是检索 ISO 标准的主要工具，为年刊，以英文和法文两种文字出版。

(7) 专利

专利是一类集技术、经济和法律三类情报信息于一体的资料数据文件，是记录专利申请、审核和批准过程中所形成的各类相关资料数据的文件资料。它通常具有内容新颖、广泛、系统、详尽、实用性强、可靠性强、质量高、出版迅速、形式统一和文字严谨等特点。我国的专利主要有发明专利、实用新型专利和外观设计专利三大类。专利文献参考法律性依据可划分为专利申请公开说明书与专利授权公告说明书两大类。

专利文献检索的平台有中国国家知识产权局专利检索及分析系统、中国知识产权网专利信息服务平台、中国专利信息中心专利之星检索系统和欧洲专利局等。

(8) 学位论文

学位论文是作者为获取某一类学历学位而编写的研究报告或者科学论文。其详细内容比较系统，具备一定的实际深度与创新性。中国学位论文全文数据库精选了全国重点学位授予单位的硕士、博士学位论文以及博士后报告。在这其中，尤以博士学位论文质量最高，是具备独创性的科学研究著作。

(9) 电子资源

电子资源是以数字方式将图、文、声、像等信息存储在磁、光、电介质上，通过计算机、网络或相关设备使用的记录有知识内容或艺术内容的信息资源，包括电子公告、电子图书、电子期刊数据库等。

1.2 科技文献的检索方法

1.2.1 科技文献的检索途径

文献检索途径一般划分为两大类，一类是文献的外表途径，例如，著者途径、编号途径、题名途径、引文途径；另一类是内容途径，如主题途径、分类途径。

(1) 著者途径

著者途径是使用著者、作者、译者或专利权人的名字或者国家政府机关组织部门名字展开检索的途径，如著者目录、作者索引等。

(2) 编号途径

编号途径是依照某类文献出版时所编的号码顺序来检索文献的途径，如标准号索引、专利号索引等。

(3) 题名途径

题名途径是指在普遍常见的分类体系中，能够按照提供的名称来检索的途径，如书名与刊名等。

(4) 引文途径

使用引文而编订的索引体系，统一叫作引文索引体系，它提供从被引论文出发去检索引用论文的一类途径。

(5) 主题途径

主题途径是指参考所需文献核心主题的详细内容来检索文献的途径，如主题索引和关键词索引等。

(6) 分类途径

分类途径是按照科学分类系统进行检索。此途径是按照理论知识应用体系作为分类参照的，因此，它能够体现出学科整体性，反映出学科和事物的归属、派生和平行的相互影响关系，方便从学科所归属作用范围来查找文献资料，而且能够发挥"触类旁通"的主要作用。

(7) 其他途径

除上述途径外，在检索应用工具中还编有少数特殊的检索途径，如依照化学反应中的化合物分子式进行搜索的分子式索引。

1.2.2 文献检索的方法

文献的检索方法有两大类：人工检索与计算机检索。

(1) 人工检索

人工检索又分以下三类。

第一类是追根溯源法，即以文章作者在文后所附参考文献为根本基础，依次跟踪查找搜索。用这类方法不需运用检索工具，方向较准，也较节约精力，但是不容易查全。

第二类是常用法，也就是使用检索工具搜索科技文献的方法。这类方法由于被人们经常使用，故此得名。

如果选择恰当的检索工具，一般能够较全地搜索到所需文献，但是需要我们会运用检索工具，否则会造成大量时间浪费、又查不到对口文献的后果。检索科技文献使用的检索工具，是图书情报信息职能部门，在一次文献基础应用之上，整理、分类编排而形成的二次文献。检索工具的类型颇多，按照其出版形式的不同，可分为期刊式、单卷式、附录式和卡片式四大类；按照其收录范围，划分为综合性和专业性两大类。其著录类型格式仅有题录和文摘两大类。

a. 题录。它只列出文献题目、作者、出处和页码，没有详细内容介绍。如我国出版的《全国新书目》《中文科技资料目录》。外国文摘刊物所附的主题索引、关键词索引和著者索引等均隶属于题录式检索工具。这类检索工具，因为编辑过程短、公开发布速度快，受到了人们一致欢迎。然而，由于题录只给题目，不给详细内容，导致查找文献时只能看题目而无法看全文，很难决定取舍。

b. 文摘。文摘除了介绍文献基本信息（包括题目、作者以及出处等）以外，还包括文献详细内容的介绍。目前，文摘已逐渐发展成为关键的科技文献检索工具。当前全球比较知名的有美国的《化学文摘》(*Chemical Abstracts*)。使用文摘刊物，能够处理和解决查不到、查不全、看不懂（因语言不同）与看不完等问题，最大程度地收集整理可靠的参考资料。我们只需掌握英文，查阅《化学文摘》一般均能查找到世界各个国家或地区的相关专业文献。与此同时，文摘自身摘录了原始文献的精华，让读者能够用非常少的时间浏览文献。

第三类是综合法，也就是将第一类和第二类方法综合运用，增加检索的数目和质量。

(2) 计算机检索

计算机检索，顾名思义，就是利用电子计算机查找文献。首先，人们将大量的文献参考资料以一定的格式保存于计算机内，成为文献记录。这些文献记录经过计算机处理，生成文献数据库或文档。用户按一定的要求将检索词输入计算机内，由计算机对其进行处理，并与数据库或文档中的文献记录进行匹配运算。最后将检索结果按要求的格式输出。

计算机检索的发展过程与计算机技术及其他现代科学技术的发展是密不可分的。由于计算机的运算速度高和数据库存储量大，使得计算机检索具备了实效性、完整性、广泛性和准确性的特点，其能在短时间内检索出所需目标文献信息资料。目前，计算机检索已成为人们愈来愈普遍应用的检索方式，如何在海量文献中高效率地检索出最准确的信息已成为计算机检索的焦点，而明确检索要求和检索目标已成为进行计算机检索的关键步骤。

明确检索要求就是搞清楚要检索的内容属于什么学科，所需文献的类型及语种等是什么。这些要求对选择数据库、确定检索策略是十分必要的。确定检索目标就是要搞清楚检索的目的是什么。如果是进行开题调研，则应尽可能地检索出与之相关的全部文献，以便充分地做好开题的准备工作，对查全率要求较高；如果属于探索性、开创性的课题，则需要查出一些启发性的文献，对查全率不一定有很高的要求。

虽然计算机检索快速、精确，但是由于计算机并非具有思维与判断、选择文献的能力，因此也会产生误检和漏检的弊端。所以，在利用计算机检索的时候，应特别注意检索词和检索策略的准确运用。

1.2.3　引用文献的基本原则

引用文献通常需要遵守如下基本原则：

（1）权威性

一般专业性、权威性期刊上，公开发表的文章最能代表相关研究课题项目的研究水平和实际情况，应当尽可能被引用。然而，这并非排除一般性期刊或者综合类期刊上同样存在高水准的学术论文。所以，在尽可能引用本学科权威性和专业性期刊上公开发表的文献同时，也应当引用一般性和综合性期刊上的相关文献。尤其是英语水平较高的作者，应该规避只关注国外期刊的文献，而忽略了引用国内期刊的文献。目前，国内也有很多材料化学类优质期刊，比如 *National Science Review*、*Science China Chemistry*、*Nano-Micro Letters*、*Journal of Energy Chemistry*、*Science Bulletin*、*Nano Research* 和 *Science China Materials* 等。

（2）自阅性

自阅性，即所引文献必须是引用者亲自阅读过的一次文献。由于引用者本人阅读过的一次文献与转引的二、三次文献，或者直接转引期刊等上的文献进行比较时，引用者与二、三次文献作者对一次文献在阅读、理解上是存在差异的，但有些引用者并不在意，只是希望走捷径，直接转引文献，更有甚者转引他人综述上的文献。

虽然把阅读过的二、三次文献或者文献综述作为科研设计的论证参考也是可行的，但是，在写成欲发表论文的时候，应当特别强调引用曾经阅读过的原始文献，从而避免转引文献有误而以讹传讹。

(3) 公开性

公开性，即公开发表的论文不应引用非公开发表的文献，其主要目的是便于读者查阅及核对，为读者提供更多的有用信息。因为非公开发表的文献作用范围小，不容易查找到原始文献。如果确有必要引用非公开发表的文献，按照标准规范要求，可以在正文的对应处写清文献的出处，并且置于括号内。

(4) 紧密性

紧密性，即被引用的文献内容与论文所研究内容的结合应贴切紧密。通常，在论文的"对象和方法"或者"材料与方法"中，要求一一对应标注引用参考文献，这是由于所引用的主要信息内容，通常是现成的综合设计应用理念或者研究方法，故引用者在引言与方法中应该特别关注紧密性问题。

(5) 准确性

准确性，即正文中标注的准确性和著录项目的准确性。引用者在查阅文献后引用时，应特别注意要忠实于原文。如果说直接引用文献比较容易把握，那么间接引用的时候，则应该与原意保持一致，避免断章取义。

(6) 时限性

普赖斯指数（Price index），是用来评价被引用参考文献时限性的重要标准，其概念是一篇论文里引用的最近5年内公开发表的文献数占该篇论文引用文献总量的百分比。由此可知，被引用的最近五年内文献数目愈多，普赖斯指数就越大，说明论文所涉及的问题越接近当前课题。普赖斯指数实际上表现出的是被引用文献的老化程度。如果普赖斯指数小于50.0%，则有三种可能，引用者可对自己的论文作如下自行判断：①缺少查找的基本条件，或者没有仔细查找近5年内对外公开发表的有关最新文献；②本专业发展进步缓慢，导致最近5年时间内对外公开发表的相关文献数量非常少；③研究课题项目、方法、认知水平等滞后于本学科发展综合水平。假设普赖斯指数超过70.0%，有可能说明本研究课题紧紧追随或者反映出了本学科目前较高水平。因此，根据普赖斯指数理论，引用者在查阅参考文献时，应当尽量多地引用近5年内公开发表的最新文献，而不是引用久远、陈腐老套的文献愈多愈好。当然，整体上是这样倡导的，但并非全面排除引用5年之前对外公开发表的，甚至更久远的文献。

(7) 规范化

规范化，主要指参考文献著录格式及标注方式的规范化。目前参考文献的著录格式各刊并不完全相同，投稿前作者应注意所投期刊的有关规定，至少知晓有关期刊发表的论文的参考文献是如何标注的。有些作者不注意参考文献的著录格式，常常把卷、期、起始页和终止页写错，不但使读者对论文的真实性产生怀疑，而且对原作者也不够尊重，故在投稿时应有所注意。

1.3 化学化工文献的基本常识

1.3.1 化学化工文献的发展与特点

化学化工文献同其他科学文献一样，是人们从事生产实践和科学实验的记录。最初情报资料传递是由学者口授、传抄或通讯联系。17世纪末，许多科学协会相继成立，促进了会员间的交流，出现了科技杂志。17世纪末至18世纪期间，相继成立了专利局，审理创造发明专利，出现了专利文献。世界最早的科技杂志为1665年创立的英国皇家学会哲学期刊（Philosophical Transaction of the Royal Society），而第一种化学杂志发刊于1778年。在后期的发展中，化学化工文献数量和增速基本上稳居各学科之首。截至目前，化学化工文献的发展仍呈现出数量迅速增多和种类繁多的态势。

1.3.2 化学化工文献的检索途径

(1) 检索中文化学化工文献的途径

一般，检索中文化学化工期刊文献可利用中国期刊网、中国化工信息网、中国科学引文数据库（Chinese Science Citation Database，CSCD）、CNKI中国知网数据库、维普中文期刊服务平台和万方数据知识服务平台等进行查找。上述数据库的检索功能一般可分为简单检索、高级检索、专业检索和句子检索等。此外，利用上述数据库，还可检索到学位论文和学术会议论文等。

(2) 检索英文化学化工文献的途径

检索英文化学化工文献可在 SciFinder^n 数据库、ScienceDirect 数据库、Web of Science 数据库、Science Online 数据库、Academic Search Premier 数据库、Cambridge Journals 数据库、ACS 期刊数据库、RSC 期刊数据库、Cell Press 期刊数据库等查找。一般，利用这些数据库的检索功能，可查找到与研究主题相关的文章，快速锁定高影响力论文或者综述，查看某文献的施引文献信息以及他引情况等，并且可利用上述数据库的检索式的管理及定题服务，来跟踪关注文章的引用情况。

此外，还可通过查阅重要的外文刊物，来获取英文化学化工文献。重要的外文刊物通常包括以下几类：①权威性刊物，如 *Nature*、*Science*、*Journal of the American Chemical Society*、*Angewandte Chemie-International Edition*、*Chemical Reviews* 和

Accounts of Chemical Research 等；②有关专业刊物，如有机化学领域的 *Organic Chemistry Frontiers*、*Organic Letters* 和 *Journal of Organic Chemistry* 等，可根据不同的领域分别选择；③消息性刊物，如 *C&E News*、*Science News*；④科普性刊物，如 *Scientific American*。

（3）检索化学化工电子图书的途径

电子图书，包括单种的光盘版图书、电子版图书全文检索系统以及大型的网上图书馆等。电子图书的分类，包括电脑教程、报刊、经济社会、科幻侦探、漫画幽默、科普哲学、时尚生活、文学作品、小说传记、英文经典、影视明星等。对于化学化工电子图书，可通过畅想之星电子书平台、超星数字图书馆、超星书世界电子图书数据库、华艺电子书数据库、ScienceDirect Books 平台、Springer Ebooks 平台、Wiley 在线图书（Wiley Online Books）等进行检索。

此外，对于有机化合物核磁共振碳谱的查找，可利用有机化合物核磁共振碳谱数据库（简称微谱数据库）。对于晶体结构的查找，可使用剑桥晶体数据中心发展的剑桥结构数据库（Cambridge Structural Database，CSD），以及 ICSD 无机晶体结构数据库。

第 2 章
CNKI 中国知网

中国知网（China National Knowledge Infrastructure，简称 CNKI）是由北京清华同方股份有限公司中国学术期刊（光盘版）电子杂志社研制出版。该数据库收录期刊年限为 1979 年至今，包含了 8000 多种学术类核心期刊与专业特色期刊的全文数据库。该数据库累积报道全文 2400 多万篇，数据库每日更新，包含了理工科、电子技术与信息科学、农业、医药、文史、教育和社会科学总论综合性学科。该数据库含有期刊、学位、会议、专利、报纸、标准、年鉴和工具书八种文献类型。目前，国内的高等院校和科研院所基本已购买该数据库，已购买该数据库的单位，均可在本单位局域网内（通过已认证的 IP 地址）或通过 VPN 登入到中国知网，按需对文献进行检索和下载。对于未购买该数据库的用户，可以登录中国知网，免费使用 CNKI 检索文献资料，但不能下载全文，如需下载全文可通过充值卡、银行卡和手机支付等方式有偿下载。

该数据库的检索字段有主题、篇关摘、关键词、篇名、全文、作者、第一作者、通讯作者、作者单位、基金、摘要、小标题、参考文献、分类号、文献来源和 DOI 共十六项，主要检索字段包含主题、篇名、关键词和摘要，其中主题字段为默认字段，可同时查找篇名、关键词和文摘三个字段。中国知网主要有简单检索、高级检索、专业检索、作者发文检索和句子检索五种检索方式。检索的基本途径是先选择检索字段，输入检索词，确定好逻辑关系，然后进行检索。

2.1 简单检索

简单检索，顾名思义适合于比较简单的检索，也就是对检索技能不高且对检索需求逻辑组合不强的刚入门用户。比如想了解石墨烯超级电容器方面的文献，首先根据检索需求对检索的内容进行分析，可知包含石墨烯和超级电容器两个检索词，并且这两个检索词之间的关系是并且，也就是逻辑"与"。一般的数据库都包含三种逻辑关系："与，或，非"，对应于"and，or，not"。因此，要完成此项检索任务，就可以选择"主题字段"，输入"石墨烯 and 超级电容器"，点击"检索"，如图 2-1 所示。

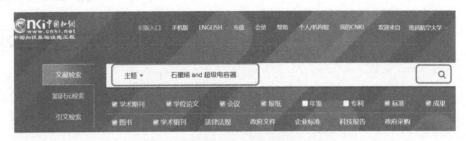

图 2-1 简单检索石墨烯超级电容器

检索结果如图 2-2 所示，共检索到 6945 条结果。从检索结果界面可知，中国知网共有五种排序方式，分别为相关度、发表时间、被引、下载和综合。"相关度"主要按照命中的检索结果与输入的检索词的相关程度来排序，"发表时间"是按照文献发表的时间来排序，"被引"是根据文献被引用的次数来排序，"下载"是根据文献被下载的次数来排序，"综合"是综合考虑文献的相关程度和文献的含金量来排序。

图 2-2 简单检索石墨烯超级电容器检索结果

如果要下载单篇文献全文，单击篇名，在文献详情页面再点击"PDF 下载"即可（图 2-3）。如果要批量下载全文，目前需要下载安装"知网研学"客户端，知网研学可方便读者阅读中随手记录学习中的想法、问题和评论等；可按时间段、标签、星标管理学习笔记等。批量下载时，勾选想要下载的全文，点击左上方的"批量下载"按钮(图2-4),这时页面会弹出提示窗,提醒是否已安装了最新版"知网研学(原 E-Study)"客户端(5.2 及以上版本),如果尚未安装,下载安装知网研学即可(图2-5)。安装成功后,将 es6 文件下载到本地,双击"es6 文件"即可导入知网研学客户端(图2-6)。

图 2-3　目标文献下载全文示例

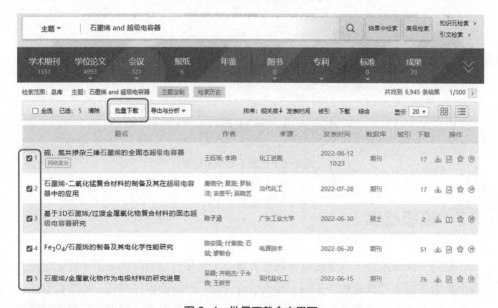

图 2-4　批量下载全文界面

图 2-5　批量下载全文步骤

图 2-6　批量下载全文结果

2.2　高级检索

　　相对于简单检索，高级检索逻辑组合更强，可按需求同时选择多个检索字段，每个检索字段可选择逻辑关系词"and，or，not"进行连接；同时，高级检索还可选择匹配方式，包含模糊匹配和精确匹配；此外，高级检索还能限定文献的时间范围,也可按需勾选网络首发、增强出版、基金文献、中英文扩展和同义词扩展。网络首发通俗地说是在期刊印刷版出版之前提前按出版网址和发布时间确认论文首发权并在网络首发。增强出版是指按根文本以及与之关联的其他数字资源经过组织和封装,形成一个有内在联系的复合数字作品的数字出版方式,其作品称为增强出版论文。基金文献顾名思义就是该文献的工作得到了相关基金的支持。中英文扩展指的是勾选了该选项后数据库将自动使用该检索词对应的中英文扩展词进行检索,帮助用户检索到更多更全的中英文文献,提高文献的查全率。同义词扩展勾选后系统将把与检索词相关的同义词自动匹配,提高文献的查全率。高级检索的基本检索步骤为:进入高级检索主页面,选择检索项(16个字段:主题、篇关摘、关键词、篇名、全文、作者、第一作者、通讯作者、作者单位、基金、摘要、小标题、参考文献、分类号、文献来源和 DOI),选择性勾选网络首发、增强出版、基金文献、中英文扩展和同义词扩展,选择逻辑关系(and、or、not),输入检索词,选择检索模式(模糊匹配、精确匹配),选择时间范围,点击检索,对检索结果进行排序(相关度、发表时间、被引、下载和综合),得到检索结果(题录、文摘和全文)。

2.2.1 检索案例:钟南山院士的论文发表情况检索

本案例通过检索钟南山院士的论文发表情况来了解钟南山院士的研究方向。进入高级检索界面,作者输入"钟南山",作者单位输入"广州医科大学",建议选择勾选中英文扩展,目的是可检索到更多与检索词相关的中英文文献,点击"检索",检索界面如图 2-7。

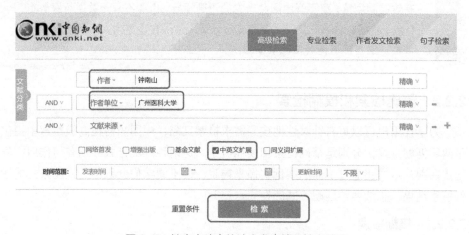

图 2-7 钟南山院士的论文发表情况检索界面

通过检索结果(图 2-8)可知,可检索到 8 篇相关文献。通过左侧文献分布的学科可看出钟南山院士发表的论文主要分布在流感病毒(2 篇)、临床标本(1 篇)、

2019冠状病毒病（1篇）、量化研究（1篇）、下气道（1篇）、RT-PCR（1篇）、季节性流感（1篇）、冠状病毒（1篇）和乙型流感（1篇）等。通过以上检索结果的学科和主题分布可看出，钟南山院士的研究方向主要聚焦于呼吸道传染病的研究。

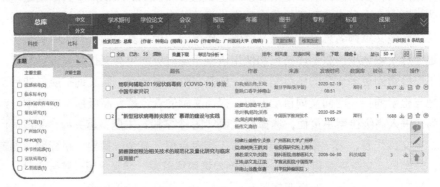

图2-8　钟南山院士的论文发表情况检索结果

> **课程思政**　通过案例教学检索钟南山院士的论文发表情况，学习钟南山院士抗击新冠肺炎疫情中无私奉献的精神。2020年春节前夕钟南山院士在赶往武汉的高铁上疲惫的面容和紧锁的眉头感动了无数中国人。作为成长在新时代的大学生们，要积极向钟南山院士学习，学好专业知识的同时，提升创新创业能力，争取毕业后能对社会有所贡献，在国家有需要的时候能够作为"逆行者"挺身而出，为国为民排忧解难。同时，中国能够在短时间内有效控制疫情，离不开中国共产党的正确领导，也离不开无数逆行医务工作者、社区工作者、公安民警和应急救援人员等舍小家为大家的无私奉献精神，这些都值得每位同学学习。

2.2.2　精确检索和模糊检索

为了让用户可以更有针对性地按照需求检索文献，中国知网在高级检索中提供了两种匹配方式，分别是精确检索和模糊检索。这两种匹配方式分别有何作用，异同点在哪？本书将通过下面的案例实操来揭晓，便于同学们分析不同匹配方式的案例检索结果，总结两种匹配方式的异同点。

2.2.2.1　模糊检索

首先，通过模糊检索查找篇名中含有"液晶聚乙炔"的2005—2021年的文献。在高级检索界面，篇名输入"液晶聚乙炔"，匹配方式选择"模糊"，时间范围选择"20050101—20211231"，勾选"中英文扩展"，点击"检索"，检索界面如图2-9所示。

图 2-9　液晶聚乙炔的模糊检索

通过实操案例检索,共检索到 14 篇相关文献(图 2-10),从篇名中高亮的词(聚乙炔,液晶,液晶聚乙炔)可以看出不仅检索到了包含检索词液晶聚乙炔的文献,还检索到了包含检索词中词素的文献,并且词素的顺序与检索词的并不完全一致。

图 2-10　液晶聚乙炔的模糊检索结果

2.2.2.2　精确检索

通过精确检索查找篇名中含有液晶聚乙炔的 2005—2021 年的文献,检索步骤与模糊检索类似,仍然进入高级检索界面,篇名中输入"液晶聚乙炔",匹配方式选择"精确",时间范围选择"20050101—20211231",勾选"中英文扩展",点击"检索",检索界面如图 2-11 所示。

图 2-11　液晶聚乙炔的精确检索界面

精确检索只检索到 8 篇相关文献，从篇名中高亮的词（液晶聚乙炔）可看出只检索到了与检索词液晶聚乙炔完全一致的文献（图 2-12）。

图 2-12　液晶聚乙炔的精确检索结果

通过对篇名中包含液晶聚乙炔的文献进行案例检索，得出精确检索和模糊检索的异同点如下。

精确检索：检索结果中包含与检索词完全相同的词语。

模糊检索：检索结果包含检索词或检索词中的词素，并且词素的顺序可以与检索词中的顺序不一致。

因此，如果需要提高文献的查全率可选择模糊检索，若仅需精确检索与输入的检索词完全匹配的文献（对文献的查全率无要求，只需要相关性最高），则可选择精确匹配。

2.2.3 限制文献来源检索文献

比如要检索篇名中含液晶聚乙炔、时间为 2005—2021、《高分子学报》上的相关文献，检索步骤如图 2-13 所示，首先在篇名中输入"液晶聚乙炔"，发表时间输入"20050101"和"20211231"，文献来源输入"高分子学报"，点击"检索"。检索结果见图 2-14，从图中可看出检索到了一条篇名含有液晶聚乙炔、文献来源为《高分子学报》的文献。

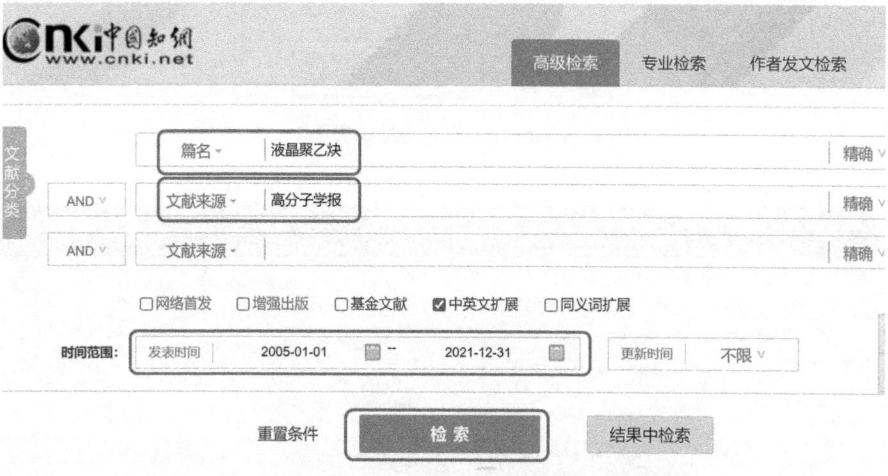

图 2-13　通过文献来源限定只检索特定期刊的相关文献

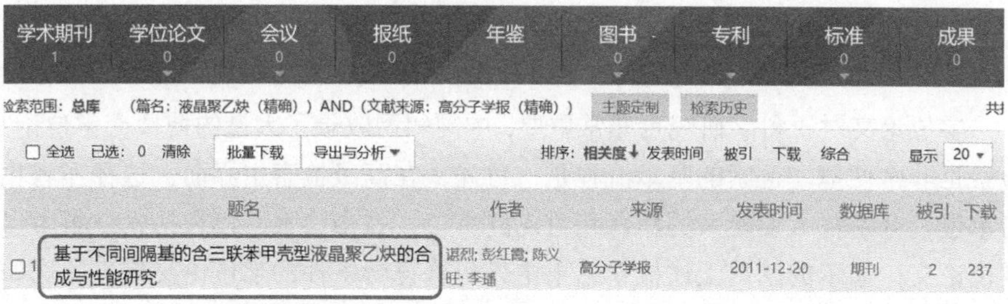

图 2-14　以"液晶聚乙炔"为关键词发表在《高分子学报》的文献检索结果

2.2.4 通过基金号来源检索文献

以检索基金号 51703091 为例，检索项下拉选择"基金"，输入基金号"51703091"，勾选"中英文扩展"，点击"检索"（图 2-15）。检索结果见图 2-16，总共检索到 7 篇文献，包含中英文文献。

图 2-15　基金号检索界面

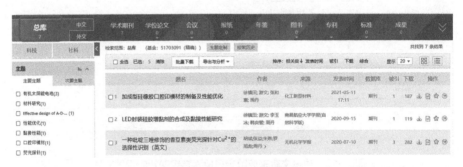

图 2-16　基金号检索结果

2.2.5　学位论文的检索

学位论文对于科学研究也非常重要，中国知网收录了大量的博硕士学位论文，检索也非常便捷。检索的基本流程是：首先，在高级检索主界面，选择作者和作者单位，分别输入要检索的作者和对应的单位，点击检索，再在检索结果中点击学位论文，显示的就是上述检索结果中只包含符合条件的学位论文信息。比如要检索南昌大学的研究生廖勋凡的学位论文。检索项选择作者，输入"廖勋凡"，匹配方式选择"精确"，逻辑关系选择"AND"，点击"检索"，如图 2-17 所示。在检索结果中再点击上方的"学位论文"，得到的就是符合条件的学位论文的情况，可看出检索到了一条结果（图 2-18）。如果要下载该学位论文，单击"篇名"，点击左下方"整本下载"（图 2-19），就可以得到 CAJ 格式的学位论文，安装 CAJ 阅读器即可阅读学位论文全文。

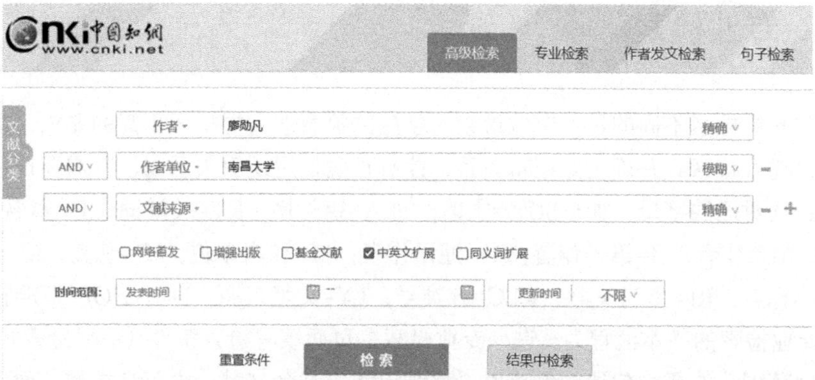

图 2-17 学位论文检索界面

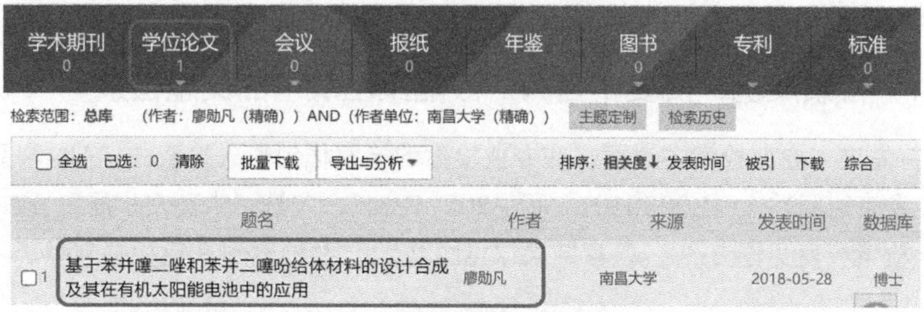

图 2-18 学位论文检索结果

图 2-19 学位论文下载界面

2.3 专业检索

与高级检索不同的是，专业检索对学生的检索能力提出了更高的要求，需要学生自己输入检索式并确定好逻辑关系，能够正确使用逻辑关系词，并需要记住常用的检索项对应的字母，如：SU%=主题，TKA=篇关摘，KY=关键词，TI=篇名，FT=全文，AU=作者，FI=第一作者，RP=通讯作者，AF=作者单位，FU=基金，AB=摘要，CO=小标题，RF=参考文献，CLC=分类号，LY=文献来源，DOI=DOI，CF=被引频次。专业检索的基本流程为：进入专业检索主页面填写检索条件（书写检索式），选择时间范围，选择性勾选网络首发、增强出版、基金文献、中英文扩展、同义词扩展，检索，检索结果排序（相关度、发表时间、被引、下载和综合），查看检索结果（题录、文摘和全文）。

2.3.1 检索案例：摘要中含有"液晶聚乙炔"的文献检索

首先进入专业检索主界面，在专业检索的检索框内输入检索式"AB=液晶聚乙炔"，发表时间输入"20050101"和"20211231"，勾选"中英文扩展"，点击"检索"，检索界面见图 2-20，检索结果详见图 2-21，共检索到 8 篇相关文献。

图 2-20 专业检索摘要含有液晶聚乙炔的检索界面

图 2-21 专业检索摘要中含有液晶聚乙炔的检索结果图

2.3.2 篇关摘检索和主题检索的区别

CNKI 数据库有主题和篇关摘两个类似的检索字段，主题字段是默认包含篇名、关键词和摘要，而篇关摘也是从篇名、关键词和摘要中检索，这两者的检索结果是否一致？下面以调研侯德榜制碱法相关文献为例，总结篇关摘和主题检索的异同点。

> **课程思政**
>
> 侯德榜院士为了解决我国纯碱依赖进口的被动局面，怀着工业救国的远大理想与抱负，1921 年他毅然放弃热爱的制革专业，从美国学成归来报效祖国，突破了氨碱法制碱技术，主持建成了亚洲第一座纯碱厂——永利碱厂，生产出中国人自己的"红三角"牌纯碱。"红三角"牌纯碱在 1926 年美国费城举办的万国博览会上获得了最高荣誉奖——金质奖，该奖的获得树立了中国人在制碱方面的权威，赢得了世界的尊重。通过检索侯德榜制碱法相关文献资料，学习侯德榜的爱国情怀。倡议新时代的大学生们任何时候都要感恩自己的祖国，学成归来报效祖国，要向侯德榜院士学习，学好专业知识，提升创新创业能力，将来在攻关国家"卡脖子"技术上能有所突破，为祖国的经济发展和技术进步奉献一分力量。

篇关摘字段检索步骤：首先进入专业检索界面，输入检索式"TKA=侯德榜 AND TKA=碱"，勾选"中英文扩展"，点击"检索"。检索界面如图 2-22 所示。从检索结果图 2-23 可看出，总共检索到了 215 条有关侯德榜制碱的相关文献。如果对第三条检索记录"侯德榜：中国制碱第一人"感兴趣，可单击"篇名"，查看文摘信息，如果读了文摘信息，觉得有必要下载全文详读，点击下方"PDF 下载"即可。

图 2-22 篇关摘字段检索侯德榜制碱法的检索界面

同样地，可采用主题字段使用专业检索来查找有关侯德榜制碱的文献。在专业检索框内输入"SU=侯德榜 AND SU=碱"，选"中英文扩展"，点击"检索"，检索界面见图 2-24。通过检索结果（图 2-25）可以看出仅检索到了 164 条相关的文献记录，比前面篇关摘字段检索结果 215 条足足少了 51 条，说明主题字段检索和篇关摘字段检索是不能等同的。主题字段检索是在中国知网标引出来的主题字段中进行检索，同时在检索过程中还启用了专业词典、主题词表、中英对照词典和停用词表等工具，并采用关键词截断算法，将相关度低的文献进行截断；而篇关摘检索字段是指在篇名、关键词和摘要范围内进行检索，未对低相关或微相关的文献进行筛选。因此，相对于知网中的主题字段，篇关摘字段检索范围更大，查全率更高，但查准率更低，同学们在检索时需要结合实际需求选择主题字段或篇关摘字段。

图 2-23　篇关摘字段检索侯德榜制碱法的检索结果

图 2-24　主题字段检索侯德榜制碱法的检索界面

图 2-25　主题字段检索侯德榜制碱法的检索结果

2.3.3 验证专业检索的匹配方式

高级检索在匹配方式上有模糊匹配和精确匹配两种可供选择，而专业检索框中并没有匹配方式这个选项，那么专业检索是默认精确匹配还是模糊匹配呢？带着这个问题，以调研题名中含有"经济发展"或"可持续发展"有关"转变"并且可以去除与"泡沫"有关的部分内容的 2005—2021 年文献为任务驱动，验证专业检索的匹配方式，同学们可通过案例教学总结答案，提高分析问题的能力。

如图 2-26，按照检索要求，检索式为"TI=（'经济发展'+'可持续发展'）*'转变'-'泡沫'"，勾选"中英文扩展"，发表时间输入"20050101"和"20211231"，点击"检索"。从图 2-27 的检索结果可以看出，检索到的文献题名高亮词与输入的检索词是一样的（经济发展、可持续发展），并没有检索到输入的检索词的词素（经济和发展），通过实操案例检索可证明 CNKI 的专业检索是默认精确匹配方式。

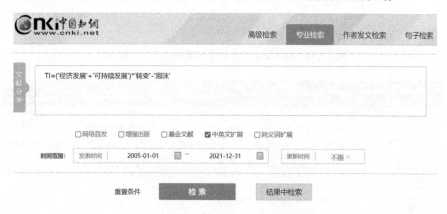

图 2-26　案例检索验证匹配方式检索界面

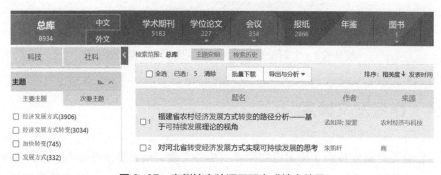

图 2-27　案例检索验证匹配方式检索结果

2.3.4 专业检索中避免作者重名

比如，想通过文献检索了解北京航空航天大学孙艳明教授的研究工作。进入专业检索主界面,在检索式中通过限定作者单位来避免与其他单位的作者重名,检索式为"AU=孙艳明 and AF=北京航空航天大学",勾选"中英文扩展",点击"检索"(如图2-28),共检索到4条文献(图2-29)。

图 2-28 通过限定作者单位来避免重名的检索界面

图 2-29 北京航空航天大学孙艳明老师的文献检索结果

2.4 作者发文检索

作者发文检索适合于检索已知作者的相关文献,检索基本流程为:进入作者发文检索主界面,填写作者姓名和作者单位,选择时间范围,检索,检索结果排序(相关度、发表时间、被引、下载和综合),查看检索结果(题录、文摘和全文)。

如要了解液晶高分子专家北京大学周其凤院士的相关文献,进入作者发文检索界面,在作者栏中输入"周其凤",作者单位栏中输入"北京大学",逻辑关系选择

"AND",点击"检索"(见图2-30),检索到了193条结果,详见图2-31。

图2-30 通过作者发文检索检索周其凤院士相关文献的检索界面

图2-31 通过作者发文检索检索周其凤院士相关文献的检索结果

2.5 句子检索

句子检索一般用来检索同一句或同一段话中包含的某些检索词,检索基本流程为:进入句子发文检索主页面,选择同一句或同一段,输入在同一句或同一段中要共同出现的检索词,结果排序(相关度、发表时间、被引、下载和综合),检索——检索结果(题录、文摘和全文)。

如:要检索在同一句话中同时出现聚合物和太阳能电池的文献,就可以采用句子检索。选择"同一句",填写"聚合物"和"太阳能电池",点击"检索"(图2-32)。从检索结果图2-33中可以看出共检索到8980条文献,检索结果命中的部分同一句话中都包含聚合物和太阳能电池。

图 2-32　句子检索界面

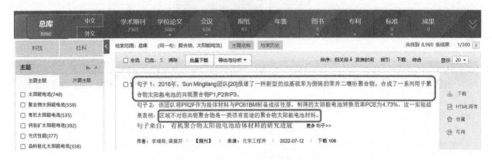

图 2-33　句子检索结果

2.6　本章作业

[1] 简述中国知网的五种检索途径及其检索基本流程。

[2] 选择一个检索课题，使用中国知网检索出该课题的相关文献的题录信息 [总记录数、列出前 5 条记录的完整题录信息（题名、作者、刊名、年、卷、期、页码）]。

[3] 如果想要了解稀土萃取方面的高质量文献？应该如何检索？如何排序？

[4] 由于疫情的原因，汽车芯片短缺席卷全球，如果想了解汽车芯片最新的文献，应如何书写检索式？采用何种排序方式？

[5] 检索南昌航空大学罗旭彪教授指导的学位论文和撰写的期刊论文，通过检索结果总结罗旭彪教授的主要研究领域是什么，分别做了什么工作，解决了什么问题，突破了哪些"卡脖子"的技术。

[6] 如果想了解南昌大学谌烈教授在新能源有机太阳能电池领域做的一些工作，该如何选定检索词和撰写检索式？根据检索结果总结谌烈教授主要做了什么工

作，解决了哪些科学问题。

[7] 如想了解中南大学邹应萍教授课题组的主要工作，如何检索？请总结邹教授的研究方向、在哪些方面取得了较好的研究成果。

[8] 请调研天津大学胡文平教授的研究成果，并总结其研究方向。

[9] 熟悉CAJ阅读器的使用，掌握检索结果题录、文摘、全文的处理方法。

第3章 维普中文期刊服务平台

维普中文期刊服务平台是由维普资讯有限公司出品，包含自然科学、工程技术、农业、医药卫生、经济、教育和图书情报等学科，通过对国内出版发行的14000多种科技期刊和5600万篇期刊全文进行内容分析和引文分析，为专业用户提供一站式文献检索与查询的全文数据库，最早收录年份可追溯到1989年。维普数据库在全国综合性高校中普及率较高，主要有简单检索、高级检索、检索式检索和期刊导航检索四种检索方式。已购买该数据库的单位可通过单位内部局域网登入，对期刊文献进行检索和全文下载；未购买该数据库的用户可通过官方网址登入，可免费检索期刊文献，提供有偿下载期刊文献全文服务。

3.1 简单检索

首先，进入简单检索界面，可以看到包含任意字段、题名或关键词、题名、关键词、文摘、作者、第一作者、机构、刊名、分类号、参考文献、作者简介、基金资助、栏目信息14个检索项，如图3-1所示。简单检索的基本检索流程为：选择检索字段，输入检索词，点击检索。

比如想了解闵恩泽院士的相关文献，就可以选择"作者"，输入"闵恩泽"，逻辑关系选择"与"，再选择"任意字段"，输入"中国石油化工股份有限公司"，点击"检索"，检索界面如图3-2。从图3-3的检索结果可以看出，共检索到57篇相关文献，从检索界面上方可看出维普中文期刊服务平台有相关度、被引量和时效性三种排序方式，默认排序方式为相关度排序。如果对检索结果中第一篇文献《发展我国生物柴油产业的探讨》感兴趣，单击篇名即可查看文摘信息，单击下方"下载PDF"即可下载PDF全文。

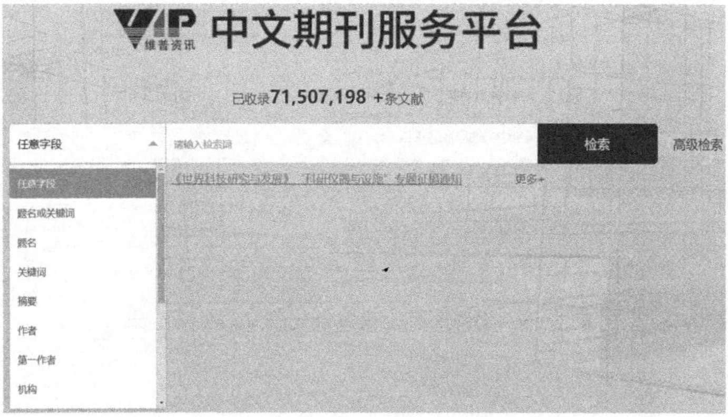

图 3-1　简单检索界面

图 3-2　闵恩泽院士有关催化剂文献检索界面

课程思政

　　闵恩泽院士是国家最高科学技术奖获得者，是我国炼油催化应用科学的奠基者、石油化工领域技术自主创新的先行者。

　　闵恩泽院士在国内外石油化工界享有崇高的声誉。他的主要贡献在于指导完成了有关移动床和流化床催化裂化小球硅铝催化剂，以及有关铂重整催化剂和固定床烯烃叠合磷酸硅藻土催化剂相关制备技术的消化吸收再创新及其产业化，打破了相关国外技术对中国的封锁，解决了我们国家的急需。此外，闵恩泽院士还开展了非晶态合金等新催化材料和磁稳定床等新反应工程的导向性基础研究，并策划指导成功开发化纤单体己内酰胺生产的成套绿色技术和生物柴油制造新技术，为我国炼油催化剂制造技术和绿色化学领域奠定了基础！

　　闵恩泽先生严谨、求实、奉献，始终把国家利益作为行动的最高准则。他以知识报效国家，以创新奉献社会，把毕生精力投入到石油炼制和石油化工事业中，做出了卓越的贡献。他的精神和品格，将永远留在我们心中！

图 3-3 闵恩泽院士有关催化剂文献检索结果

3.2 高级检索

由于简单检索逻辑组合功能有限，不能满足用户的复杂需求。相比简单检索，高级检索逻辑组合功能更加强大，可以满足用户更加复杂的实际需求。高级检索的基本检索流程为：选择检索字段，输入检索词，再选择匹配方式和逻辑关系，限定时间范围、期刊范围和学科范围，最后点击检索。

如果要调研稀土萃取方面的文献，通过高级检索就可以实现。第一个检索项选择"摘要"，输入"稀土"，匹配方式选择"模糊"，逻辑关系选择"与"，第二个检索项选择"摘要"，输入"萃取"，匹配方式也选择"模糊"，日期选择"收录起始年至 2022"，期刊范围选择"全部期刊"，点击"检索"，如图 3-4 所示。从图 3-5 中可以看出，共检索到了 1290 条文献。

图 3-4 稀土萃取相关文献检索界面

图 3-5　稀土萃取相关文献检索结果

3.2.1　导出题录信息

如果要导出检索结果中几篇文献的题录信息，可勾选目标文献前面的方框，点击上方的"导出题录"，如图 3-6 所示，具体步骤见图 3-7。

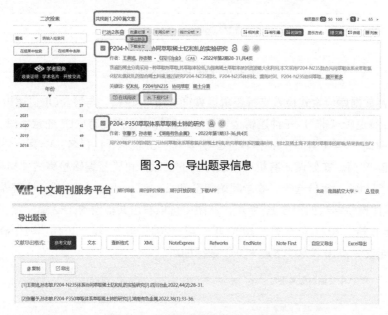

图 3-6　导出题录信息

图 3-7　导出题录信息具体步骤界面

3.2.2　下载全文

对于感兴趣的文献，直接单击"下载 PDF"，即可下载 PDF 全文，如图 3-6。

3.3　检索式检索

对于一些需要符合特定需求的文献信息检索，要求检索式逻辑组合强，高级检索可能无法满足要求，这时候就可以考虑用检索式检索，逻辑组合更为强大，可按照实际检索需求编辑恰当的检索式，检索界面见图 3-8。高级检索的基本检索流程为：按检索需求编写检索式，限定时间范围、期刊范围和学科范围，最后点击检索。

图 3-8　检索式检索界面图

维普数据库检索式检索支持逻辑运算符 AND（逻辑"与"）、OR（逻辑"或"）和 NOT（逻辑"非"）三种逻辑运算符。字段标识符主要有：U=任意字段、M=题名或关键词、K=关键词、A=作者、C=分类号、S=机构、J=刊名、F=第一作者、T=题名、R=文摘。如要调研有机硅封装方面的文献，可直接编辑检索式"M=有机硅 AND R=封装"，年份选择"收录起始年至 2022 年"，点击"检索"，检索界面见图 3-9。具体检索结果如图 3-10 所示，从图中可以看出共检索到 182 篇文献，其中，2022 年 6 篇，2021 年 9 篇，2020 年 6 篇，2019 年 11 篇，2018 年 10 篇，如果要下载全文，点击下方"下载 PDF"图标即可。

图 3-9　有机硅封装检索式检索界面图

图 3-10　有机硅封装检索式检索结果图

如果仅想检索《有机硅材料》期刊中有关有机硅封装的文献,可在刊名项中输入有机硅材料,点击"在结果中检索"即可,具体检索界面见图 3-11。通过二次检索,在《有机硅材料》中共检索到 34 篇有关有机硅封装的相关文献(图 3-12)。

图 3-11　《有机硅材料》期刊中检索有机硅封装界面

图 3-12　《有机硅材料》期刊中检索有机硅封装结果图

3.4　期刊导航检索

期刊导航检索主要包含期刊查询、字顺查询和学科查询,主要检索步骤如下:

(1) 期刊查询

期刊检索主页面—输入刊名或 ISSN—查询—检索结果（题录、文摘和全文）

(2) 字顺查询

期刊检索主页面—刊名首字声母链接—选刊名—检索结果（题录、文摘和全文）

(3) 学科查询

期刊检索主页面—选学科分类—选刊名—检索结果（题录、文摘和全文）

3.5 本章作业

[1] 简述维普中文期刊服务平台的 4 种检索途径及其检索基本流程。

[2] 任选一个检索课题使用维普中文期刊服务平台检索。要求写出：检索课题名称、检索式、相关文献总数和 5 篇相关文献题录信息（作者、题名和出处）。

[3] 请查找出闵恩泽院士有关催化剂的文献，并按被引量排序，最高的他引次数是多少？写出他引次数排名前三的文献的题录信息（作者、题名和出处）。

[4] 如果想调研汽车芯片的最新文献，如何编辑检索式？应该采用哪种排序方式？

[5] 绿色印刷是大势所趋，请调研中国科学院化学研究所宋延林研究员在绿色印刷和 3D 打印方面所做的科学研究，并总结其研究特色。

[6] 随着能源需求急增，太阳能作为一种丰富的可再生能源备受青睐，我国在有机太阳能电池材料的研发与器件优化方面也做了很多引领性的工作，请调研四川大学彭强教授课题组的期刊论文，并总结其研究方向，解决了什么科学问题。

[7] 若想查找苏州大学李永舫院士在有机太阳能电池方面的最新工作，如何书写检索式？宜采用何种排序方式？

第 4 章
万方数据知识服务平台

4.1 万方数据库简介

万方数据库成立于 1993 年,包含中国学术期刊数据库(China Science Periodical Database, CSPD)、中国学位论文全文数据库(China Dissertation Database, CDDB)、中国学术会议文献数据库(China Conference Paper Database, CCPD)、外文文献数据库(National Science and Technology Library, NSTL)和中外标准数据库(Wanfang Standards Database, WFSD),囊括期刊论文、学位论文、会议论文、专利、标准全文和法律全文等。其中中国学术期刊数据库、中国学位论文全文数据库和中国学术会议文献数据库的数据分别可追溯至 1998 年、1980 年和 1985 年。万方数据库以中国科技信息研究所的优势资源为依托,数据来源可靠。

万方数据知识服务平台提供一站式检索服务。目前,国内大多数科研院校已购买万方数据知识服务平台,可以在局域网内或通过 VPN 检索及下载文献资料。未购买服务的单位及个人用户,可以通过官网免费登入检索文献资料,需要全文的可选择付费获取。

4.2 期刊检索

4.2.1 简单检索

对于一些检索需求比较简单、无需逻辑组合的检索,采用简单检索即可。简单检索的基本流程为:首先,选择要检索的文献类型,如期刊、学位还是会议等,其次,在检索框中输入检索词,点击检索即可。如想调研有机太阳能电池方面的文献资料,选择万方智搜的"期刊",在检索框输入"有机太阳能电池",点击"检索",检索界面见图 4-1,共检索到 1961 条结果(图 4-2)。如想下载全文,直接点击"下载"即可，若想查看文摘信息，单击文献名称即可。

图 4-1　有机太阳能电池简单检索界面图

图 4-2　有机太阳能电池简单检索结果图

简单检索也可以通过二次检索来缩小范围，提高文献的查准率。如果想把有机太阳能电池的范围进一步缩小，仅仅对聚合物有机太阳能电池的文献感兴趣。在题名选项中输入"聚合物"，点击"结果中检索"（图4-3）。从图4-4中可看出共检索到151条有关聚合物太阳能电池的文献。

图 4-3　在简单检索中执行二次检索界面图

图 4-4　简单检索中执行二次检索结果图

万方数据知识服务平台还可对检索结果进行筛选，如仅想看检索结果中的已购全文的核心期刊论文，就可通过点击页面上方的"只看核心期刊论文"和"已购全文"，可看出符合已购全文的核心期刊论文有 102 篇（图 4-5）。从检索结果界面可看出万方数据知识服务平台共有相关度、出版时间、被引频次和下载量四种排序方式。被引频次排序主要是将被引用次数比较多的文献优先排在前面，这些文献一般是发表在档次比较高的期刊、有价值且被同行广泛认可并引用；相关度排序将与检索与查询的条件内容最相关的文献优先排在前面；出版时间排序主要是将发表时间比较新的文献优先排在前面；下载量排序将被下载次数多的文献优先排在前面。

图 4-5 对检索结果进行核心期刊和已购全文筛选界面图

4.2.2 分类检索

万方数据知识服务平台还可以对期刊论文进行分类检索，主要包含学科分类、地区分类和刊首字母分类。

4.2.2.1 学科分类

如想了解化学学科《高等学校化学学报》期刊的相关信息，点击"学术期刊"，点击"基础科学"类中的"化学"，再点击"北大核心"，选择《高等学校化学学报》，如图 4-6～图 4-8。从图 4-8 可查询《高等学校化学学报》的详细信息，同时还可通过点击左下方的年（期）导航有针对性地按需查看该期刊某年某期的期刊论文。

图 4-6 学科分类检索界面图

图 4-7 化学类期刊查询界面图

图 4-8 高等学校化学学报界面图

4.2.2.2 收录地区分类

如果想了解某个地区被中国科技论文与引文数据库（CSTPCD）收录的期刊总体情况和该地区某个期刊的具体情况，可通过地区分类检索得以实现。如想了解江西有哪些 CSTPCD 收录的刊物，并想具体了解《南昌航空大学学报》（自然科学版）的相关情况，可以通过分类检索，点击"江西省"，点击 CSTPCD（图 4-9），可以看到江西省有《求实》《职教论坛》和《南昌航空大学学报》（自然科学版）等刊。通过点击"南昌航空大学学报（自然科学版）"可进一步了解《南昌航空大学学报》的具体情况（图 4-10）。如果要查看该学报具体某期的期刊文献详情，可点击左下角的年（期）导航即可实现。

图 4-9　按地区分类检索江西的 CSTPCD 刊物

图 4-10　南昌航空大学学报（自然科学版）简介

4.2.2.3　刊首字母分类

当需要了解某个字母打头的期刊有哪些时，可以采用"刊首字母"分类来检索。比如想查字母 G 打头的北大核心刊物有哪些，可以先点击字母 G，再点击"北大核心"，就可看到字母 G 打头的北大核心刊物的具体情况，见图 4-11。如果想了解《功能材料》这个期刊的详细情况，点击"功能材料"即可（图 4-12）。通过期刊简介可看出功能材料主编为黄伯云院士和严纯华院士，根据左下角年（期）导航可知，功能材料为单月刊，单月刊意味着出版周期相对较短。

图 4-11 刊首字母分类检索界面图

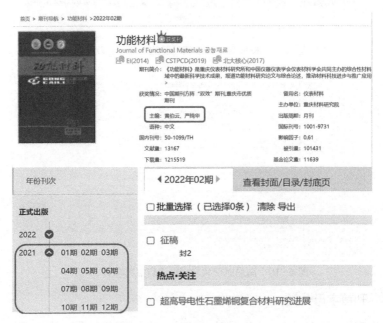

图 4-12 功能材料期刊简介

4.2.3 高级检索

由于简单检索逻辑组合不足，分类检索一般用于查找特定需求的期刊文献，对于一些逻辑组合较强、检索需求较复杂的检索，就需要使用高级检索。比如想了解周其凤院士在液晶方面做的一些工作，采用高级检索就可以很好地完成。首先，检索项选择主题输入"液晶",再选择作者输入"周其凤",点击"检索"(图 4-13)。从图 4-14 可以看出共检索到 149 条相关文献,如果想对某篇文献进行深入学习,点击摘要下方的"下载"即可。

图 4-13　检索周其凤院士有关液晶的文献界面

图 4-14　周其凤院士有关液晶的文献检索结果

> **课程思政**
>
> 　　周其凤院士作为高分子领域的专家,创造性地提出了"甲壳型液晶高分子"的科学概念并分别从化学合成和物理性质等角度给予佐证,打破了国际学术界多年来对液晶高分子只有"主链型"和"侧链型"的固有思想。同时周其凤院士对液晶高分子取代基效应进行了系统而又深入的研究,发现可通过共聚合或提高聚合物分子量使亚稳态液晶高分子转变为热力学稳定的液晶高分子。此外,周其凤院士还发现了最早人工合成的热致性液晶高分子等,引领我国液晶高分子的研发领跑世界前列,这也是我国在液晶高分子领域的骄傲。

4.2.4 专业检索

与中国知网类似，为了满足用户更高级更专业的检索需求，万方数据知识服务平台也提供了对应的专业检索。与中国知网略微不同的是，中国知网专业检索的检索项用字母作为代码，而万方数据知识服务平台用的是检索项本身，专业检索常用的检索项包含：主题、题名或关键词、题名、第一作者、作者单位、作者、关键词、摘要、基金、DOI、学位授予单位、导师、学位、基金、中图分类号、期刊名称/刊名、ISSN/CN、专业、会议名称和主办单位等，逻辑运算符包含 not、and、or，如果要改变运算顺序，可在英文半角的情况下加上小括号"()"，逻辑运算符优先顺序为：() > not > and > or。

受新冠肺炎疫情的影响，目前全球芯片紧缺，若想了解汽车芯片相关的文献资料，就可使用专业检索来检索相关文献。编辑检索式："主题:(汽车) and 主题:(芯片)"，选择中英文扩展（添加符合条件的英文文献）点击检索，检索界面见图 4-15，从图中可看出共检索到 7452 条相关文献（图 4-16），如果对第一篇文献汽车芯片专利状况分析感兴趣，点击关键词下方的"下载"图标即可。

图 4-15 汽车芯片相关文献检索界面

图 4-16 汽车芯片相关文献检索结果

如果还需要调研北京大学占肖卫教授在有机太阳能电池方面的工作,在专业检索方框中输入检索式:"主题:(有机太阳能电池) and 作者:(占肖卫) and 作者单位:(北京大学)",勾选"中英文扩展",点击"检索",如图4-17所示,共检索到53篇相关文献资料(图4-18)。

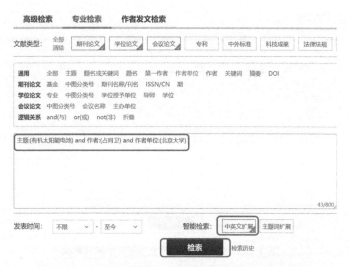

图4-17 占肖卫教授有机太阳能电池相关文献检索界面

图4-18 占肖卫教授有机太阳能电池相关文献检索结果

精馏分离是石油化工行业重要的一项技术,若想了解我国精馏分离相关方面的工作以及精馏分离工作对我国"两弹一星"等做出的贡献,可调研天津大学余国琮院士的相关文献资料。在专业检索方框中输入检索式:"主题:(精馏) and 作者:(余国琮) and 作者单位:(天津大学)",勾选"中英文扩展"和"主题词扩展",点击"检索"。勾选"中英文扩展"和"主题词扩展",数据库在后台检索的时候就会自动匹配对应的英文检索词和中文检索词的下位词进行检索，提高文献的查全率，如图 4-19 所示。通过检索结果（图 4-20）可知，共检索到 55 篇相关文献资料，如果对期刊论文"六十年来《化工学报》上发表有关精馏过程论文的回顾"感兴趣，点击篇名下方的"下载"即可。

图 4-19　余国琮院士精馏方面文献检索界面

图 4-20　余国琮院士精馏方面文献检索检索结果

> **课程思政**
>
> 余国琮院士被尊称为"我国精馏分离学科创始人""现代工业精馏技术的先行者"和"化工分离工程科学的开拓者"等。1950 年入选美国科学家名录，同年夏他冲破重重阻力，毅然返回祖国，报效祖国。1959 年周恩来总理视察天津大学指出，一定要生产出中国自己的重水。余国琮院士用毕生奋斗实现了"为中国争一口气"，在精馏技术基础研究、成果转化和产业化领域做了系统性和开创性工作。他提出了较完整的不稳态蒸馏理

> 论和浓缩重水的"两塔法",解决了重水分离的"卡脖子"关键科学问题,为新中国核技术起步和"两弹一星"突破做出了突出贡献。同时,面向我国经济建设重大需求,不断开展技术研究、理论创新和技术攻关,对大型工业精馏塔新技术开展了研究,奠定了现代精馏技术的理论基础,形成了"具有新型塔内件的高效填料塔技术",完全打破了国外技术的垄断,有力促进了我国石化工业跨越式发展。此外,他还致力于化工基础理论研究,提出了汽液平衡组成与温度关系理论的"余-库"方程,开创了计算传质学新研究领域,引领了化工分离学科领域发展。
>
> 身为科学大咖,余国琮院士始终恪守普通教师的职责,85岁还坚持给本科生上课,90岁仍然在指导博士生,97岁还在撰写理论书籍。余国琮院士的一生是爱国、奋斗和奉献的一生,他把毕生精力献给了党和人民的伟大事业,他的爱国奋斗、进取创新和无私奉献的精神值得我们每一位同学学习!

4.3 学位论文检索

万方学位论文数据库的资源特色是由中国科技信息研究所(国家法定的学位论文收藏机构)提供,是国内最大的学位论文全文数据库,收录年份最早可追溯至1980年,包含各个学科的硕士生论文、博士生论文和博士后出站报告,其中博士学位论文和博士后报告占总数量的20%以上,211高校学位论文占总数的64%。万方数据知识服务平台的检索项有题名、作者、学位授予单位、关键词、摘要、专业、导师和中图分类号。

4.3.1 学位论文全文数据库简单检索

简单检索一般适合检索需求比较简单和检索经验不足的初学者。

图4-21 南昌大学陈义旺教授指导的学位论文检索界面

比如要检索南昌大学陈义旺教授指导的研究生毕业论文情况。点击"学位"选项，输入："导师：陈义旺 and 学位授予单位：南昌大学"，点击"检索"（图 4-21），共检索到 125 条导师是陈义旺教授，学位授予单位是南昌大学的相关学位论文（图 4-22）。如需要下载学位论文全文，点击论文题目下方的下载即可，下载的 PDF 格式学位论文如图 4-23 所示。

图 4-22　南昌大学陈义旺教授指导的学位论文检索结果

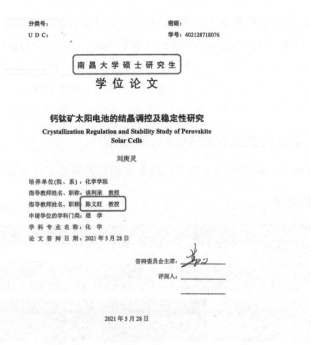

图 4-23　南昌大学陈义旺教授指导的学位论文下载结果图

4.3.2　学位论文全文数据库高级检索

相对于简单检索，学位论文高级检索逻辑组合功能更加强大，适合有一定检索经验的用户，同时对于一些检索要求比较高的用户，用高级检索就可以做到一步检索到位，提高检索效率，加速科研进展。如需调研南昌航空大学 2017—2021 年有关有机光催化方面的学位论文，可在高级检索界面选择"主题"检索字段，输入"有机光催化"，逻辑关系选择"与"，作者单位输入"南昌航空大学"，发表时间选择"2017 年—2021 年"，点击"检索"，见图 4-24。从检索结果（图 4-25）可看出，共检索到 62 篇相关的学位论文，共有四种排序方式，分别为相关度、学位授予时间、被引频次和下载量。在这 62 篇学位论文中，学位论文题目为《二氧化钛纳米复合材料的制备及其光催化性能研究》，被引频次为 9 次。如果想深入学习该篇论文，点击题目下方的"下载"按钮即可。

图 4-24　南昌航空大学有机光催化学位论文检索界面

图 4-25　南昌航空大学有机光催化学位论文检索界面结果

4.4 学术会议论文全文数据库

学术会议是公布新研究成果的重要场所。据统计，有 30% 的科技成果首次公布在学术会议上，学术会议对有关领域重大研究进展的首次报道率最高。检索会议论文也是获取难得文献的重要途径，可帮助科研工作者及时全面地了解有关领域的发展情况。

4.4.1 会议论文全文数据库简单检索

如想了解南昌航空大学举办的会议情况，进入会议论文简单检索界面（图 4-26），可以看到有题名、作者、作者单位、关键词、摘要、会议名称、主办单位和中图分类号八个检索项。选择"主办单位"，输入"南昌航空大学"，点击"搜论文"，共检索到了 828 篇会议主办单位为南昌航空大学的会议论文，见图 4-27。

图 4-26　会议论文检索界面

图 4-27　南昌航空大学举办的学术会议论文检索结果

4.4.2 会议论文全文数据库高级检索

通过高级检索来检索会议论文，可满足用户更复杂的检索需求，提高会议文献的查准率和查全率。如想了解南昌大学主办的稀土相关的会议论文情况，可进入会议论文高级检索界面，检索项选择"主题"，输入稀土，同时选择"会议-主办单位"，输入南昌大学，逻辑关系选择"与"，勾选中英文扩展，点击检索，见图 4-28，共检索到 11 条结果（图 4-29）。

图 4-28 南昌大学主办的有关稀土的会议论文检索界面

图 4-29 南昌大学主办的有关稀土的会议论文检索结果

4.5 本章作业

[1] 简述万方数据知识服务平台的期刊、学位和会议论文的各类检索方法及其检索基本流程。

[2] 选择聚集诱导发光（AIE）作为检索课题，使用万方数据知识服务平台检索出该课题的相关文献的题录信息（总记录数，列出前5条记录的完整题录信息，包含题名、作者、刊名、年、卷、期、页码）。

[3] 如果想了解南昌航空大学邹建平教授和华中科技大学周印华教授所指导的研究生论文情况，如何检索？

[4] 系统检索天津大学余国琮院士指导的学位论文和撰写的期刊论文，总结：余国琮院士的主要研究领域是什么？分别做了什么工作？解决了什么问题？突破了哪些"卡脖子"的技术？写一份不少于800字的调研报告。

[5] 调研江西师范大学/南昌大学陈义旺教授发表的论文情况，查看被引次数最高的是哪篇，列出文献的题录信息，并总结该篇文章主要做了什么工作、解决了什么科学问题。

[6] 通过调研文献资料，总结：中国科学院宁波材料技术与工程研究所葛子义研究员的研究领域是什么？聚焦于什么研究方向？做了哪些突出工作？解决了什么关键科学问题？

[7] 通过万方数据库检索清华大学李景虹院士的成果，总结其研究方向以及解决的实际科学问题。

第5章 专利检索

5.1 专利简介

(1) 专利的定义

专利是指一项发明创造向国家专利行政部门提出专利申请，经依法审查合格后向专利申请人授予的在规定的时间内对该项发明创造享有的专有权。

(2) 专利的类型

我国的专利有三大类，包含发明专利、实用新型专利和外观设计专利。不同国家和地区的专利类型有所不同，比如欧洲专利主要包含向欧洲专利局申请的欧洲发明专利和向欧盟商标专利局申请的欧盟外观设计专利。

(3) 中国专利授予专利权的条件

一项专利能否授权，主要考察专利的"三性"，即新颖性、创造性和实用性。

① 新颖性　是指该项发明或者实用新型专利不属于现有技术；也没有任何单位或者个人以同样的发明或者实用新型在申请日以前向国务院专利行政部门提出过申请，并且记载在申请日以后公布的专利申请文件或者公告的专利文件中。

新颖性有下位概念否定上位概念原则，也就是说在同一科学技术主题中，具体（下位）概念的公开即可使一般（上位）概念的查新项目丧失新颖性。例如，已报道的对比文献公开某产品是"用铝制成的"，就使"用金属制成的该产品"丧失新颖性。反之，如果公开文献报道的是"用金属制成的"，待查项目为"用铝制成的"，则新颖性成立。

② 创造性　是指与申请日之前已有的技术相比，该项发明专利有突出的实质性特点和显著的进步，或该项实用新型专利有实质性特点和进步。

③ 实用性　是指该项发明专利或者实用新型专利能够应用于实际产业化，并能产生积极效果。

(4) 专利的特性

专利主要有三大特性：独占性、地域性和时间性。

独占性是指未经专利权人许可，不允许他人随意制造、使用及销售其专利产品或者使用其专利方法。

地域性是指一个国家授予的专利权，仅在该国有效，对其他国家没有任何约束力。一项专利想占领更多的国际技术市场，扩大对发明创造的保护范围，同一发明创造可向多个国家申请专利。

时间性是指专利有一定期限，在法律规定时间内有效（10～20年）。期限届满，专利权自行终止，权限期自申请日计算，我国的发明专利有效期为20年，实用新型和外观设计专利有效期10年。

(5) 职务发明与非职务发明

职务发明是指专利发明人在执行本单位的任务或者主要利用本单位的物质技术条件所完成的发明创造；而非职务发明是发明人在职务之外，没有利用本单位的物质条件完成的发明创造。

职务发明专利权属于单位，专利被授权后该单位为专利权人；

非职务发明专利权属于发明人及设计人个人，专利被授权后该发明人或设计人为专利权人。

(6) 专利里的"几种人"

① 申请人——对专利权提出申请的单位或个人；

② 发明人（设计人）——对该专利实际开展工作的人；

③ 专利权人——对该专利具有独占、使用和处置权的人；

④ 代理人——代为办理该专利权申请的人。

(7) 专利里面涉及的"几种号"

① 申请号——国家专利行政部门给予每一件受理专利申请的代码，类似人的身份证号；

② 申请公布号——发明专利申请通过形式审查合格后，公布其申请说明书时提供的号码，只有发明专利有此号码；

③ 授权公告号——对发明创造授予专利权时，公告其授权说明书时提供的号码；

④ 专利号——发明创造被授予专利权后，专利申请号即变为专利号，并在专利号前冠以ZL两个汉语拼音字母。

(8) 专利中的"几种日"

① 申请日——国家专利行政部门收到专利申请文件之日为申请日；

② 公开日——某项发明专利申请公开之日；

③ 公告日——某项发明专利、实用新型专利或外观设计专利授权公告之日。

(9) 专利说明书的撰写要点

发明书一般主要包含发明名称、技术领域、背景技术、发明内容、附图说明和具体实施方式六大块。

发明名称是一篇专利的重点，简明扼要地概括该发明的核心内容，需要注意的有以下三点：

① 名称一般不超过 25 个字；

② 使用所属技术领域通用的专业术语，不得采用非专业术语；

③ 简明扼要,清楚地反映所要求保护的发明或者实用新型专利的技术方案主题和类型（产品或者方法），以利于专利申请的分类。

技术领域通过一句话简明扼要地描述该技术属于什么领域即可。

背景技术（现有技术）是指申请日以前，为公众所知的技术。简单说明现有技术的主要结构和原理，客观地指出现有技术存在的问题及不足，并说明其原因。

发明内容应包含发明目的、技术方案及有益效果三部分。发明的目的需要重点阐述解决现有技术中存在的不足（也就是指明现有技术的短板，通过本专利的方案来解决现有技术短板不足的问题）。技术方案需要抓住重点描述整个方案[解决现有技术问题的必要性，与现有技术共同的技术实施方案（特征）和本发明改进的新措施（显著进步的地方）的集合]，使得现有问题得到较好的解决。有益效果对总体方案具有创造性起支撑作用，是判断是否属于"发明"以及是否具有"显著进步"的重要支撑，也是实用新型是否具有"进步"的重要依据。

附图说明在实用新型专利中必须有，在发明专利中的附图可用于补充说权利要求的地方以及补充说明该项技术哪个地方具有显著进步、新颖性、创造性和实用性等。

具体实施方式应尽可能详细，具体地描述发明或实用新型有显著进步的优化方案。

(10) 专利检索的一般步骤

① 分析检索主题；

② 根据检索主题排除干扰词，确定中外文检索词和检索词之间的逻辑关系；

③ 确定相关的专利分类号（可选）；

④ 选择检索系统，进行初步检索；

⑤ 根据检索结果，浏览其文摘，进行筛选；

⑥ 深入分析检索结果，根据检索结果来判断如何优化检索条件，从而进一步调整检索词或检索式，进一步扩大/缩小检索范围，确保专利查准率的同时尽可能保证其查全率。

本书主要介绍中国专利及欧洲专利局的专利检索及全文下载。

5.2　中国国家知识产权局专利检索及分析系统

中国国家知识产权局专利检索及分析系统收录了1985年9月10日中国专利法实施以来公开的全部发明、实用新型和外观设计专利的题录信息、摘要以及说明书全文，数据每周更新。

5.2.1　常规检索

对于一些检索需求比较简单的，就可直接用常规检索。首先进入中国国家知识产权局官网，点击页面中的专利检索，注册个人信息，进入中国国家知识产权局专利检索及分析系统检索界面（图5-1），常规检索共包含七个检索项，分别为自动识别、检索要素、申请号、公开号、申请人、发明人和发明名称。如要检索有机硅封装方面的专利信息，确定检索词为有机硅和封装，并且这两个词之间的逻辑关系是and，选择检索要素作为检索项，输入检索式"有机硅 and 封装"，点击"检索"（图5-1），检索结果见图5-2，共检索到了3177件专利。

图5-1　有机硅封装常规检索界面

对于感兴趣的专利，若要下载全文，可点击左下方的"详览"，在文献浏览界面再点击左上方的"下载"，会出现文献下载设置界面，在其中勾选需要下载的信息，并按要求输入验证码后，即可下载PDF全文，具体下载步骤详见图5-2和图5-3，下载下来的是压缩包，解压即可得到PDF格式的发明专利说明书全文（图5-4）。

图 5-2　有机硅封装专利检索结果图

图 5-3　有机硅封装专利检索下载全文第二步

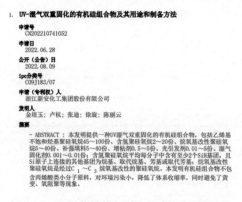

图 5-4　有机硅封装专利检索下载全文第三步

5.2.2　高级检索

中国国家知识产权局专利检索及分析系统的高级检索逻辑组合功能强大，可供选择的检索项很多，包括申请号、申请日、公开（公告）号、公开（公告）日、发明名称、IPC 分类号、申请（发明权）人、发明人、优先权号、优先权日、摘要、权利要求、说明书、关键词等，可满足用户对专利检索的复杂需求。

5.2.2.1 多检索项检索

首先点击高级检索，进入高级检索的主页面，检索中国科学院化学研究所侯剑辉研究员有关有机太阳能电池的专利情况。在发明人中输入"侯剑辉"，专利权人输入"中国科学院化学研究所"，说明书中输入"有机太阳能电池"，点击"生成检索式"，点击"检索"，检索界面见图 5-5，共检索到 15 篇符合上述三个条件的专利（图 5-6）。下载说明书全文的步骤与常规检索相同。中国国家知识产权局专利检索及分析系统支持逻辑运算符 and、or、not，并且不分大小写；如果输入有空格，需加英文双引号，如"沈阳 中国石油"；否则系统按照"沈阳 or 中国石油"检索。

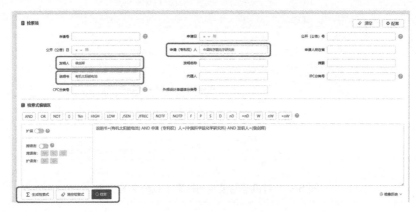

图 5-5 多检索项检索界面图

图 5-6 多检索项检索结果图

5.2.2.2 申请号检索

有些时候需要根据申请号来调研专利文献，用申请号检索就是最有效的途径。比如要查找专利号为 CN201310366385 的专利，在申请号中输入 CN201310366385，点击"生成检索式"，再点击"检索"，检索界面如图 5-7，检索结果见图 5-8。

图 5-7 申请号检索界面图

图 5-8 申请号检索结果图

如果对专利的公开时间和授权时间感兴趣,可以通过点击法律状态(图 5-8 下方)来查询,法律状态查询结果见图 5-9。可以看出申请号为 CN201310366385 的专利 2013 年 11 月 13 日公开,2013 年 12 月 4 日实质审查的生效,2015 年 6 月 3 日授权。

申请号	法律状态公告日	法律状态含义
CN201310366385	20131113	公开
CN201310366385	20131204	实质审查的生效
CN201310366385	20150603	授权

图 5-9 法律状态检索结果

5.2.2.3　申请人检索

如要查找申请（专利权）人检索为南昌航空大学的专利，通过申请人检索即可实现。首先在申请（专利权）人输入"南昌航空大学"，点击"生成检索式"，点击"检索"，检索操作界面如图 5-10，检索结果详见图 5-11，共检索到了 7194 件专利，专利权人都包含了南昌航空大学。

图 5-10　申请人检索界面

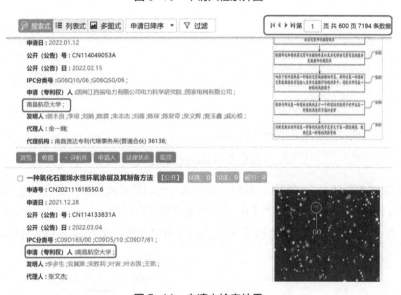

图 5-11　申请人检索结果

5.2.2.4　申请日检索

在实际学习和科研工作中，有时需要通过申请日结合检索词来检索专利，这时候就需要用申请日检索。申请日检索规则如下：检索 2016 年 1 月 1 日之前的专利，申请日选择"＜",输入 20160101 或 2016.01.01 或 2016-01-01;检索 2010 年 1 月 1 日到 2015 年 12 月 31 日之间的专利,申请日选择":",输入"20100101 20151231",起止日之间仅空一格。

如要检索申请日在 20120101—20220331 之间摘要中含有稀土的专利,申请日选择":",输入"20120101 20220331",在摘要中输入"稀土",点击"生成检索式",再点击"检索",具体操作检索界面见图 5-12,共检索到 50521 件专利(图 5-13)。

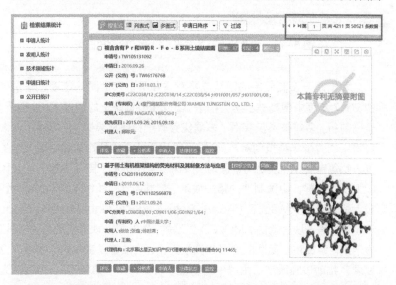

图 5-12　申请日在 20120101 与 20220331 之间稀土相关专利检索界面图

图 5-13　申请日在 20120101 与 20220331 之间稀土相关专利检索结果图

5.2.2.5 发明人检索

如果想查找具体某个发明人的所有专利或者某个发明人关于某个研究方向的专利，可以使用发明人检索。如想检索曹镛院士在发光二极管方面的专利，发明人中输入"曹镛"，申请（专利权）人输入"华南理工大学"，摘要中输入"发光二极管"，点击"生成检索式"，点击"检索"，检索界面见图 5-14，共检索到 152 件相关专利，检索结果见图 5-15。

图 5-14 曹镛院士有关发光二极管的检索界面图

> **课程思政**
>
> 曹镛院士及其领衔的团队成员黄飞和吴宏滨共同入选爱思唯尔公布的 2017 年度中国高被引学者榜单。团队在曹镛院士的带领下，披荆斩棘，砥砺前行，多年来不仅获得了多项优秀教学科研成果奖，还培养了一大批获得中国青少年科技创新奖、全国百篇优秀博士学位论文和中国大学生年度人物等荣誉的优秀人才；同时，该课题组还研发了国际上第一块全印刷 OLED 显示屏，中国制造的第一块基于氧化物 TFT（thin film transistor）技术的全彩色 AMOLED（Active Matrix/Organic Light Emitting Diode）显示屏、第一块透明的 AMOLED 显示屏，以及第一块彩色柔性 AMOLED 显示屏。曹镛院士团队的科研和教学工作，助推着国家和光电领域产业的发展，推动该领域产品由"中国制造"转变为"中国智造"，为国家光电领域的发展做出了突出的贡献。

图 5-15 曹镛院士有关发光二极管的检索结果图

5.2.3 检索规则小结

① 支持模糊匹配：如输入 201310365130，系统会按照 CN201310365130 进行匹配。

② 输入 CN201310365130 CN201310362144，系统会按照 CN201310365130 or CN201310362144 进行检索。

③ 支持截词符+、？、#，所有截词符均要求在半角状态下输入。+代表任意长度的字符串；？代表一个或没有字符；#代表一个强制存在的字符。已知申请号中包含 96 和 36，且 96 在 36 之前，应输入"+96+36"，已知申请号中包含 6896，应键入"+6896"。

④ 日期检索也可采用模糊方法，但不需要使用模糊字符，而是通过空位表示。符合这一要求的字段有：公开（告）日、申请日、颁布日等。例如：已知公开日在 2019 年 10 月，应输入"2019.10"，检索公开日为 2018~2021 年间的专利，应选择":"，并键入"20180101 20211231"，起止日之间仅空一格。

5.2.4 中国国家知识产权局专利检索及分析系统小结

优点：中国国家知识产权局专利检索及分析系统为官方数据库，专利信息最准确、最全面、更新最及时，可下载 PDF 格式全文。

缺点：关键词逻辑组合检索功能不是特别强。

适合：有针对性的检索（如根据专利号、申请号和名称等），单个或少数几个关键词的检索，对检索结果要求比较精确的检索。

5.3 中国知识产权网专利信息服务平台

中国知识产权网专利信息服务平台主要提供对中国专利（包括中国台湾专利）和国外（美国、日本、英国、德国、法国、瑞士等国家和欧洲专利局、世界知识产权组织 WIPO 等组织）专利的检索。从 2017 年 6 月 6 日开始，中国知识产权网专利信息服务平台对发明专利、实用新型专利和外观设计专利的更新时间从以前的每周三更新一次升级为每周二和周五更新两次，使得专利数据时效性更高。

5.3.1 简单检索

中国知识产权网专利信息服务平台包含关键词、名称、摘要、申请（专利号）、申请日、公开（公告）号、公开（公告）日、申请（专利权）人、发明（设计）人、主分类号、分类号、地址、国省代码、专利代理机构、代理人、优先权、说明书和权利要求书共 18 个检索项，可供用户按需选择。简单检索时可输入上述检索项的信息进行检索。如想检索申请号为 CN201310365130 的专利，先进入简单检索的界面，输入"CN201310365130"，点击"检索"，检索界面见图 5-16，检索结果见图 5-17。如果想要下载说明书全文，勾选需要下载的专利，点击左下方"下载"，再点击"PDF 下载"。对于普通用户，系统会提示您所在的用户权限不能下载 PDF 文件（图 5-18），这说明普通用户不能通过勾选想要下载的专利批量下载 PDF 专利说明书全文，高级用户有此权限。然而，对于普通用户，可免费下载单篇 PDF 说明书全文，基本步骤为首先单击想要下载的专利的名称，再点击上方"申请公布（PDF）"，对于已授权的专利，还可点击"授权公告（PDF）"，具体见图 5-19 和图 5-20。

图 5-16　中国知识产权网专利信息服务平台申请号简单检索界面图

图 5-17 中国知识产权网专利信息服务平台申请号简单检索结果图

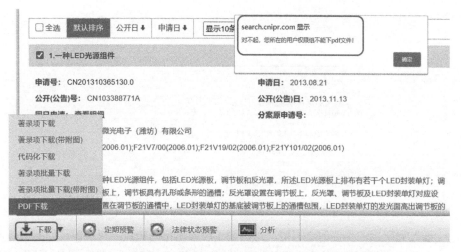

图 5-18 中国知识产权网专利信息服务平台下载 PDF 说明书界面

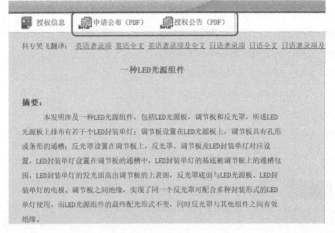

图5-19　中国知识产权网专利信息服务平台下载PDF说明书界面图

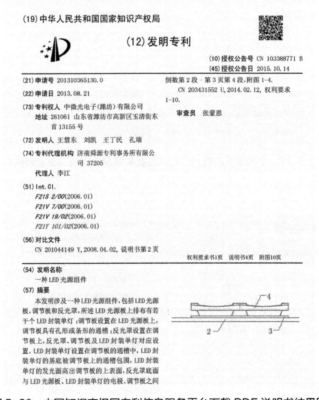

图5-20　中国知识产权网专利信息服务平台下载PDF说明书结果图

通过调研相关单位的专利情况可侧面了解该单位的知识产权情况，如要调研申请（专利权）人为南昌航空大学的相关专利，选择"申请（专利权）人"，输入"南昌航空大学",选择"重新检索",检索界面见图 5-21。通过图 5-22 可看出,共检索到 5030 件申请(专利权)人为南昌航空大学的专利,其中中国发明专利 3361 件,中国实用新型 1456 件,中国外观设计 213 件。

图 5-21　申请(专利权)人为南昌航空大学检索界面图

图 5-22　申请(专利权)人为南昌航空大学检索结果图

5.3.2　高级检索

中国知识产权网专利信息服务平台与中国国家知识产权局专利检索及分析系统网站检索界面类似,多了同义词检索选项,新增了权利要求书、法律状态和专利权状态检索,通过检索界面左侧也可看出中国知识产权网专利信息服务平台包含了更多国外的专利(图 5-23),对国外专利的检索更为便捷。

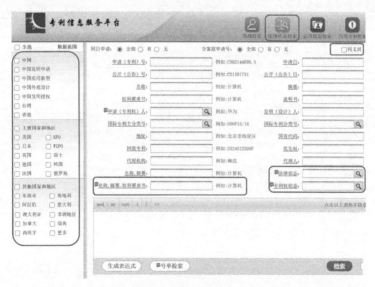

图 5-23　中国知识产权网专利信息服务平台高级检索界面图

该平台的高级检索具有"同义词检索"功能，可根据用户在名称或摘要中输入的关键词，从后台自动找到其同义词，然后二者合起来进行检索，以扩大检索范围，提高检索结果的查全率。中国知识产权网的号码检索、日期检索和文本检索都支持模糊检索，号码检索主要有申请号和公开（公告）号等，日期检索主要有申请日和公开（公告）日，文本检索比较多，主要包含权利要求书、摘要、说明书、名称、申请（专利）人、发明（设计）人、代理人和地址等。中国知识产权网专利信息服务平台常见的检索字段对应的字母为：名称/TI，申请号/AN，申请日/AD，公开（公告）号/PNM，公开（公告）日/PD，申请（专利权）人/PA，发明（设计）人/IN，主分类号/PIC，分类号/SIC，地址/AR，摘要/AB，优先权/PR，专利代理机构/AGC，代理人/AGT，同族专利/FA，国际申请/IAN，国际公布/IPN，颁证日/IPD，分案原申请号/DAN，国省代码/CO，权利要求书/CLM，说明书/FT。号码和文本的模糊检索可使用模糊检索字符，模糊字符包括"?"和"%"两种，其中"?"可代替单个字符，"%"可代替单个或多个字符。检索号码时，模糊字符位于尾部可省略，位于中间和首部则不能省略；检索文本时，模糊字符位于首尾均可省略，位于中间不能省略。日期也可以使用模糊检索，只不过无需使用模糊字符，用实心点代表要模糊检索的位置，比如要检索申请日为 2019 年某月 6 日，之间在下面逻辑检索框输入 2019.06/AD，点击检索即可，其中 AD 代表申请日检索字段。比如要检索代理人为"张文杰"、地址为"江西省"、名称中有"稀土"的相关专利，在逻辑检索框中输入"张文杰/AGT and 江西省/AR and 稀土%/TI"即可，检索界面见图 5-24。

图 5-24　中国知识产权网专利信息服务平台模糊检索界面图

从图 5-25 中可看出，总共检索到了 32 条相关结果，其中发明专利 32 件，已授权发明专利 14 件，外观设计和实用新型专利 0 件。如果要检索专利申请日在 2017 年 2 月和 2021 年 9 月之间的专利，应在逻辑检索框中输入"（2017.02 to 2021.09）/AD"。如需检索专利申请人姓周，申请人所在地为南昌或北京，应在逻辑检索框中输入"周/PA and (南昌 or 北京)/AR"。

图 5-25 中国知识产权网专利信息服务平台模糊检索结果图

假设要用逻辑检索框检索名称中包含"汽车"和"化油器"的专利，但不知二者的先后顺序。检索式的编辑首先要确定好检索词之间的逻辑关系，再确定好检索字段。在逻辑检索框中输入"(汽车 and 化油器)/TI"，点击检索，如图 5-26。从系统中检索到中国实用新型专利 76 件，中国台湾专利 15 件，中国发明专利 13 件，中国外观设计 5 件，中国发明授权 1 件，总共 110 件（图 5-27）。

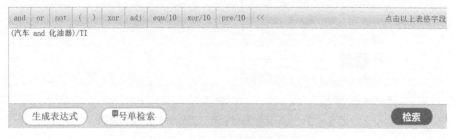

图 5-26 汽车化油器检索界面图

有时根据检索需求需要对检索结果进一步优化，缩小检索范围，提高检索的查准率。如果要对上述检索结果做进一步限定，过滤掉一些不需要内容，即可用过滤检索来缩小范围,提高查准率。比如在上述检索基础上,进一步缩小范围,需要检索除江西以外的汽车化油器相关的专利。只需选择"国省代码",输入"江西",选择"过滤检索",点击检索,如图 5-28,总共检索到了 108 件相关专利,检索结果详见图 5-29,执行完过滤检索后,检索式为"((汽车 and 化油器)/TI) not 国省代码=(江西)"。

图 5-27　汽车化油器检索结果图

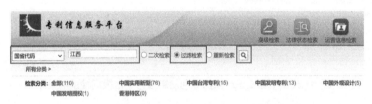

图 5-28　汽车化油器检索除江西以外的检索界面图

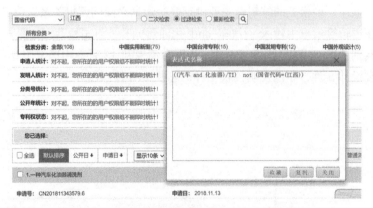

图 5-29　汽车化油器检索除江西以外的检索结果图

如果想检索江西省专利名称中包含"汽车"和"化油器"的相关专利,也可以通过在上述检索中进行二次检索来实现。首先选择"国省代码",输入"江西",选择"二次检索",点击检索,具体检索界面如图 5-30。

图 5-30　江西省汽车化油器检索界面图

从图 5-31 检索结果可以看出，共检索到 2 件专利，包含 1 件发明专利和 1 件实用新型专利，进行二次检索后的检索式为"((汽车 and 化油器)/TI) and 国省代码=(江西)"。通过选择江西省进行过滤检索和二次检索的具体案例展示，可清晰得知过滤检索和二次检索都是在前一步检索的基础上进一步限定检索范围，提高检索的查准率；不同点是过滤检索是在前一步检索的基础上滤掉新检索条件限定的内容，而二次检索是在前一次的基础上再检索出新检索条件限定的内容。通过这个案例检索也可得知江西省专利名称中包含汽车化油器的专利有 2 件，其他省份即为 110-2=108（件）。

图 5-31　江西省汽车化油器检索结果图

又比如某同学毕业后从事 LED 及硅衬底光源方面的工作，对南昌大学江风益院士的专利非常感兴趣，在中国知识产权网专利信息服务平台的检索流程如下：首先进入高级检索界面，申请人输入"南昌大学"，发明（设计）人输入"江风益"，点击"检索"，检索具体界面见图 5-32，检索结果见图 5-33。共检索到 146 件专利，其中中国发明专利 86 件，中国实用新型专利 29 件，中国发明授权 27 件，外观设计 4 件。如果对检索到的第二件专利"一种无荧光粉的全光谱 LED 封装结构及其封装方法"感兴趣，单击专利名称，点击上方"授权公告（PDF）"，即可下载 PDF 格式的授权公告（图 5-34）。从下载的 PDF 格式授权公告可知（图 5-35），该专利申请日为 2016.12.26，授权公告日为 2020.11.20，发明人为郭醒、王光绪、付江、李树强、张建立、莫春兰、全知觉、刘军林、江风益，专利权人为南昌大学和南昌硅基半导体科技有限公司，专利代理机构为江西省专利事务所。

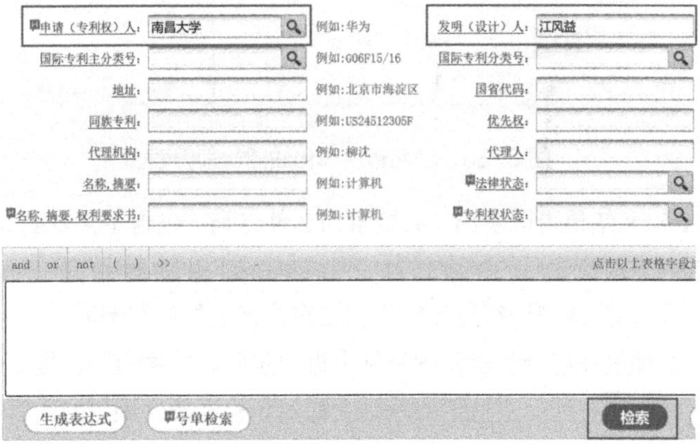

图 5-32　南昌大学江风益院士专利检索界面图

图 5-33　南昌大学江风益院士专利检索结果图

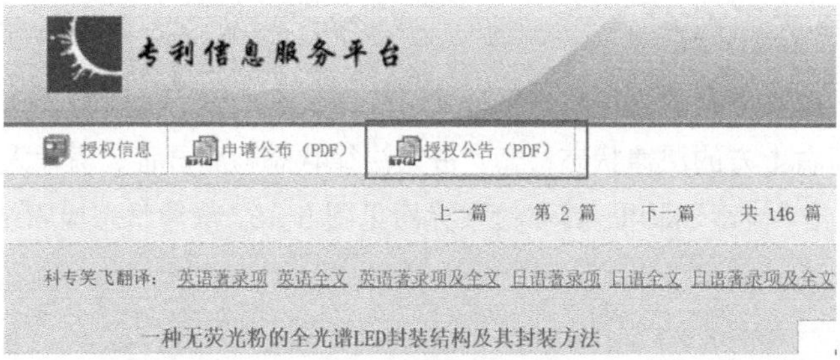

图 5-34　南昌大学江风益院士专利授权公告 PDF 下载界面

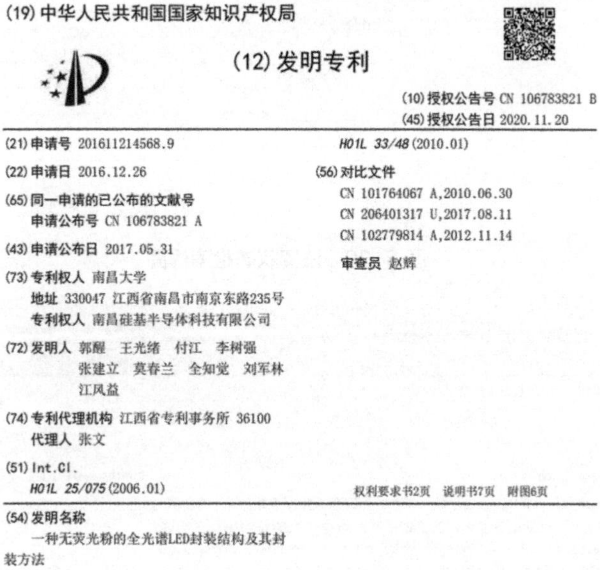
(19) 中华人民共和国国家知识产权局

(12) 发明专利

(10) 授权公告号 CN 106783821 B
(45) 授权公告日 2020.11.20

(21) 申请号 201611214568.9

(22) 申请日 2016.12.26

(65) 同一申请的已公布的文献号
申请公布号 CN 106783821 A

(43) 申请公布日 2017.05.31

(73) 专利权人 南昌大学
地址 330047 江西省南昌市南京东路235号
专利权人 南昌硅基半导体科技有限公司

(72) 发明人 郭醒　王光绪　付江　李树强
张建立　莫春兰　全知觉　刘军林
江风益

(74) 专利代理机构 江西省专利事务所 36100
代理人 张文

(51) Int.Cl.
H01L 25/075 (2006.01)
H01L 33/48 (2010.01)

(56) 对比文件
CN 101764067 A,2010.06.30
CN 206401317 U,2017.08.11
CN 102779814 A,2012.11.14

审查员 赵辉

权利要求书2页　说明书7页　附图6页

(54) 发明名称
一种无荧光粉的全光谱LED封装结构及其封装方法

图 5-35　南昌大学江风益院士专利授权公告 PDF

课程思政

从 2003 年开始，为了解决国家 LED 光源的问题，打破国外对 LED 光源的垄断，江风益教授带领团队走上专攻硅衬底 LED 的创新之路，江风益教授于 2006 年成功研制出硅衬底蓝光二极管材料及器件，破解了 LED 产业发展中的世界难题，历经几千次试验失败后，功夫不负有心人，2015 年，江风益团队研发的“硅衬底高光效 GaN 基蓝色发光二极管”项目获得国家技术发明奖中唯一的一等奖。该项目的研发大大推动了中国乃至世界半导体学科的发展，使得我国在半导体行业掌握了核心技术。江风益教授所领导的团队遇到了无数次困难，但他们披荆斩棘，发扬了十年磨一剑的精神，最后大获成功。在接受采访中，江风益说，在科研道路上，无法预知前路会遇到什么样的困难，唯有保持信心，艰苦奋斗，实事求是走好每一步，方能有所突破。

5.3.3 法律状态检索

如果要了解某专利的法律状态,可采用法律状态检索。检索时,首先点击图 5-23 高级检索界面右上方的法律状态检索,进入法律状态检索界面,再输入要检索的专利的申请号,点击"检索"即可,具体检索界面见图 5-36,法律状态检索结果见图 5-37。

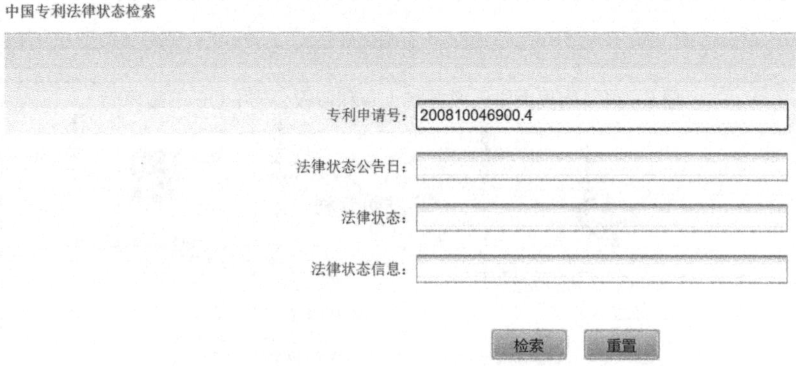

图 5-36 法律状态检索界面

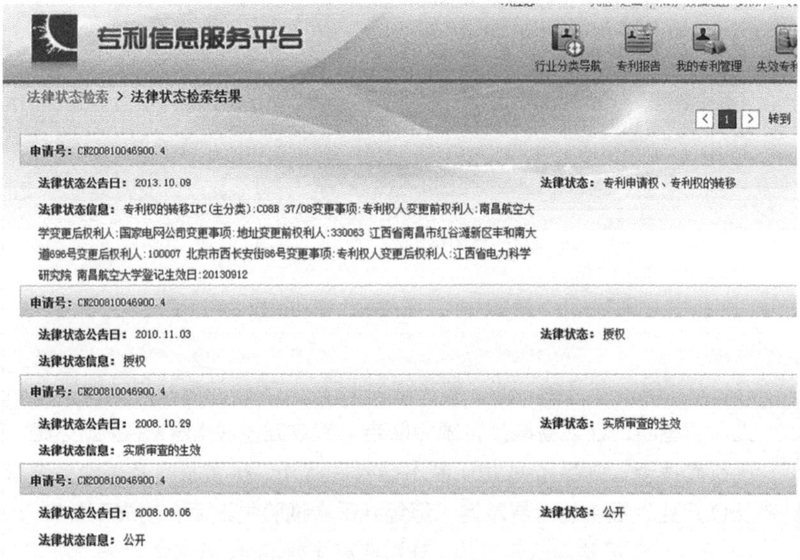

图 5-37 法律状态检索界面

5.3.4 中国知识产权网专利信息服务平台小结

优点:检索速度快,关键词逻辑组合检索功能强,下载专利文件方便(能一次下载所有页面),中国知识产权网专利信息服务平台的中国专利更新与中国国家知识产权局专利检索及分析系统同步,更新及时,可以下载 PDF 格式的说明书全文。

缺点：国外专利更新不够及时。

适合：有多个技术关键词的检索，对时效性要求不高的国外专利检索。

5.4 中国专利信息中心专利之星检索系统

中国专利信息中心成立于 1993 年，是中国国家知识产权局直属的事业单位，也是国家级专利信息服务机构，可为用户提供专利免费检索和免费下载，其专利之星检索系统包含智能检索、表格检索、专家检索、号单检索和分类检索，由于篇幅限制，本书仅介绍使用频率比较高的智能检索和表格检索。

5.4.1 智能检索

对于一些需求比较简单的检索，采用智能检索就可以快速满足要求。假如要检索稀土萃取方面的中国专利。首先进入智能检索界面，选择"中国专利"，输入"稀土萃取"，点击"搜索"，检索界面详见图 5-38，共检索到了 504 件相关的专利（图 5-39），同时也可以在检索基础上进行过滤检索和二次检索。

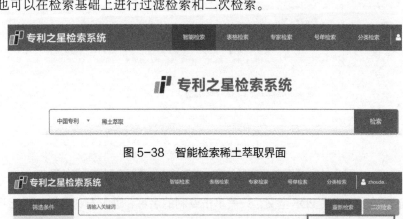

图 5-38 智能检索稀土萃取界面

图 5-39 智能检索稀土萃取检索结果

如果想在上述检索结果中再缩小范围，只查看申请人为南昌航空大学的专利，只需要在检索框中输入"南昌航空大学",点击"二次检索"(图5-40)。从检索结果界面可看出,共检索到了9件申请人为南昌航空大学的有关稀土萃取的专利(图5-41)。

图5-40 智能检索二次检索界面

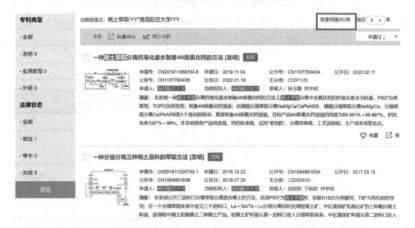

图5-41 智能检索南昌航空大学有关稀土萃取专利的检索结果

若要下载说明书PDF全文,只需单击专利的名称,进入专利详情页面后点击左上方"全文PDF"即可下载,具体见图5-42。

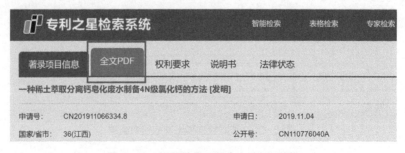

图5-42 智能检索下载全文PDF界面

5.4.2 表格检索

表格检索与中国知识产权网的高级检索类似，包含标题、摘要、关键词、申请人、申请号等 20 个检索项目，同时支持检索式检索，检索式检索对用户的要求较高，需要有一定的检索经验，常见的检索字段对应的字母组合要求熟记：发明名称（TI）、摘要（AB）、主权利要求（CL）、关键词（TX）、申请人（PA）、分类号（IC）、申请号（AN）、申请日（AD）、公开号（PN）、公开日（PD）、公告号（GN）、公告日（GD）、优先权号（PR）、发明人（IN）、范畴分类（CT）、申请人地址（DZ）、国省代码（CO）、代理机构（AG）、代理人（AT）、主分类号（MC）、权利要求（CS）和说明书（DS）。

如要查找南昌航空大学 2014—2021 年申请的专利，怎么检索？首先，进入表格检索的界面，在"申请人"中输入南昌航空大学，在"申请日"中输入"20140101>20211231"，点击"检索"，检索界面见图 5-43，检索结果见图 5-44，共检索到了 3878 件专利。如果要在上述结果中检索发明人包含邹建平老师的专利，在检索框中输入"邹建平"，点击二次检索（图 5-45），从检索结果图 5-46 中可看出，共检索到 42 件专利。

图 5-43　表格检索界面

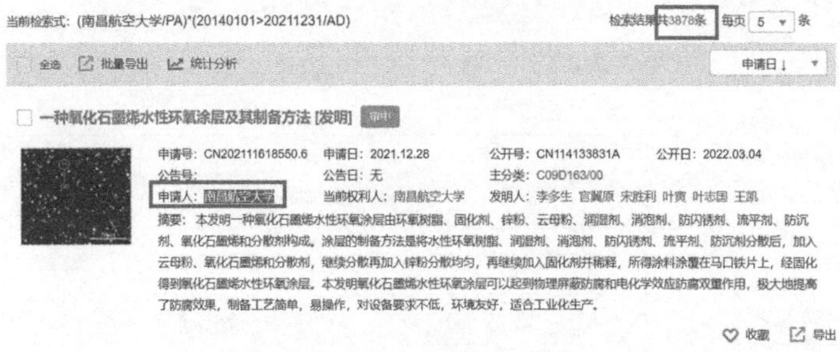

图 5-44　表格检索结果

图 5-45　表格检索二次检索界面

图 5-46　表格检索二次检索结果

如果要统计目前新冠疫苗专利的申请单位情况，可进入表格检索界面，在关键词中输入"新冠疫苗"，点击"检索"（图 5-47），共检索到 76 条结果，如果要对检索情况进行统计分析，点解图 5-48 上方的统计分析，进入相应界面后再点击左侧的"申请人分析"，按申请人排名，即可看到有关新冠疫苗专利申请人的统计情况，目前申请最多的是翁炳焕，排名第二的是南京安纳全诺新材料科技有限公司（图 5-49）。

图 5-47　新冠疫苗专利情况检索界面

图 5-48　新冠疫苗专利检索结果

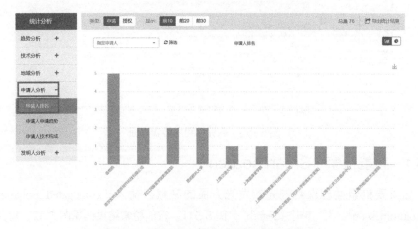

图 5-49　新冠疫苗有关专利申请人统计情况

5.5　欧洲专利局专利检索

欧洲专利局（European Patent Office，EPO）是根据《欧洲专利公约》，成立于 1977 年 10 月 7 日的政府间组织，主要负责审查在 42 个国家授权生效的欧洲专利。欧洲专利局的总部位于德国慕尼黑，在海牙、柏林、维也纳和布鲁塞尔均设有分部。EPO 主要包含三大数据库：①世界专利数据库，包含 100 多个国家和地区的专利文献；②WO 数据库，近两年 WIPO（World Intellectual Property Organization，世界知识产权组织）公开的国际专利文献；③EP 数据库，近两年欧洲专利局公开的专利文献。欧洲专利局的专利文献每天更新，包含来自世界各地超过 1.3 亿份专利文件的数据。前面讲的中国国家知识产权局专利检索及分析系统、中国知识产权网专利信息服务平台和中国专利信息服务中心专利之星检索系统这三大检索系统主要是用于检索中国的专利，覆盖的国外专利不全，而欧洲专利局的优势是收录的专利覆盖面非常广（包含部分中国专利），适合于对国外专利需求比较高的用户。欧洲专利局包含三种检索方式：Smart search（智能检索），Advanced search（高级检索）和 Classification search（分类号检索），检索界面见图 5-50。

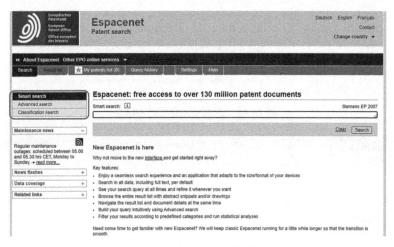

图 5-50　欧洲专利局检索界面

5.5.1　智能检索（Smart search）

如果要检索共轭聚合物光致发光方面的文献，输入"conjugated polymer and photoluminescence*"，点击"Search"（图 5-51）。智能检索结果详见图 5-52，总共检索到 26 篇文献。如果要下载专利的题录信息，勾选想要下载的专利名称前面的方框，点击页面上方的"Export (CSV|XLS)"即可。如果只下载某专利的封面，勾选想要下载的专利，点击页面右上方的"Download covers"，按要求输入校验码，即可下载 PDF 版本的封面。如果要下载专利说明书全文，单击专利名，在专利页面左侧点击"Original document"，在专利全文页面再点击"Download"即可下载 PDF 全文，如图 5-53 和图 5-54。智能检索还能检索号码，可以在检索框输入专利申请号，如果要检索专利申请号为 US2013109029 的专利，输入该号码，点击"Search"即可，如图 5-55 所示。

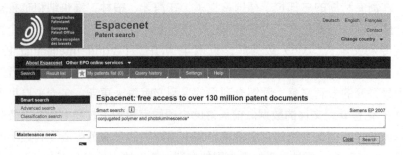

图 5-51　共轭聚合物光致发光智能检索界面

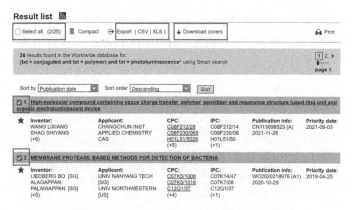

图 5-52　共轭聚合物光致发光智能检索结果

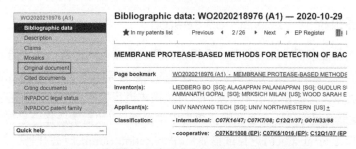

图 5-53　共轭聚合物光致发光智能检索下载全文步骤

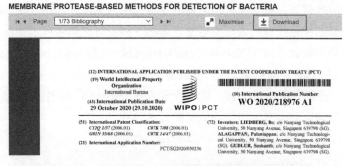

图 5-54　共轭聚合物光致发光智能检索下载全文界面

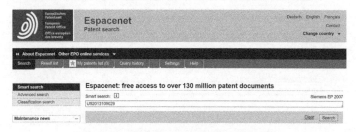

图 5-55　智能检索通过申请号检索界面

从图 5-56 可看出，共检索到一件专利号为 US2013109029 的美国专利，如果想看该专利的详细信息，单击专利名即可。如果查看详细信息后需要下载全文，与上面的步骤一样，单击"Original document"，再点击"Download"即可下载 PDF 全文。

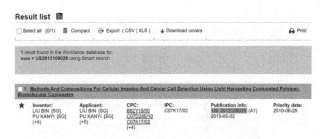

图 5-56　智能检索通过申请号检索结果

5.5.2　高级检索（Advanced search）

对于一些检索需求比较复杂，逻辑组合要求比较高的检索，若智能检索和快速检索无法实现，就可以采用高级检索。这里的高级检索与 5.2.2 节和 5.3.2 节所述的高级检索类似，都提供了很多检索项，可按需求进行检索，主要区别在于中英文界面，主要检索流程为先选择要在哪些数据库中检索，再按需求选择检索项，比如 Title（题目）、Title or abstract（题目或摘要）、Publication number（公开号）、Application number（申请号）、Applicant(s)（申请人）、Inventor(s)（发明人）等，然后在检索项中输入对应的检索词，每个检索项之间的逻辑关系为 AND，最后点击 Search （检索）即可。假如要查找有机太阳能电池方面的专利，可选包含了一百多个国家专利信息的世界专利数据库（Worldwide collection of published applications from 100+ countries），在"Title or abstract"（名称或摘要）中输入"polymer organic solar cell*"，点击 Search，检索界面见图 5-57。通过检索结果（图 5-58）可看出，共检索到 2020 条结果，如果要下载全文，与智能检索的方法一致。

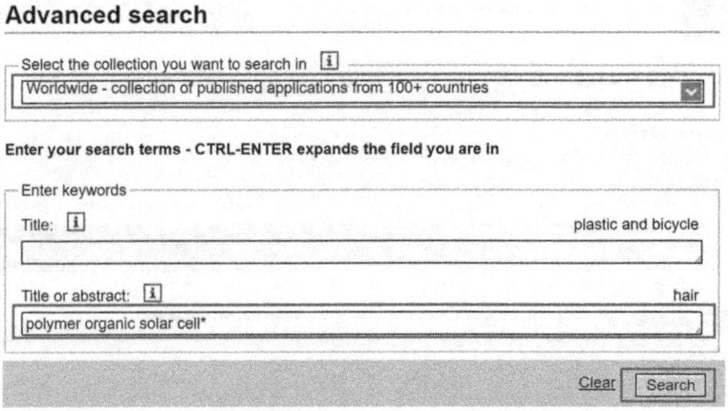

图 5-57　高级检索有机太阳能电池界面图

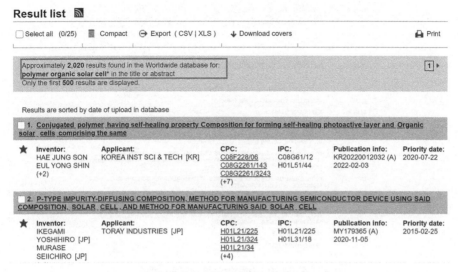

图 5-58　高级检索有机太阳能电池检索结果图

5.5.3　分类检索（Classification search）

分类检索主要适用于需要检索具体某一小类的专利，这时候可以通过页面右上方字母索引找出尽可能准确的分类号（图 5-59），比如对分类号 C，CHEMISTRY；METALLURGY（化学，冶金）感兴趣，可以点开，即可看到更详细的分类（C01～C14），若想深入了解 C08（ORGANIC MACROMOLECULAR COMPOUNDS；THEIR PREPARATION OR CHEMICAL WORKING-UP；COMPOSITIONS BASED THEREON）方面有哪些专利，勾选 C08，点击"Find patents"（图 5-60 和图 5-61），共找到了超过 10000 件专利（图 5-62）。

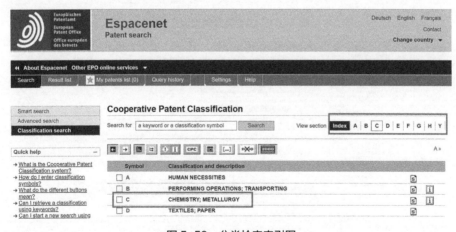

图 5-59　分类检索索引图

Symbol	Classification and description
☐ C	CHEMISTRY; METALLURGY

CHEMISTRY

☐	C01	INORGANIC CHEMISTRY
☐	C02	TREATMENT OF WATER, WASTE WATER, SEWAGE, OR SLUDGE
☐	C03	GLASS; MINERAL OR SLAG WOOL
☐	C04	CEMENTS; CONCRETE; ARTIFICIAL STONE; CERAMICS; REFRACTORIES
☐	C05	FERTILISERS; MANUFACTURE THEREOF
☐	C06	EXPLOSIVES; MATCHES
☐	C07	ORGANIC CHEMISTRY
☐	C08	ORGANIC MACROMOLECULAR COMPOUNDS; THEIR PREPARATION OR CHEMICAL WORKING-UP; COMPOSITIONS BASED THEREON
☐	C09	DYES; PAINTS; POLISHES; NATURAL RESINS; ADHESIVES; COMPOSITIONS NOT OTHERWISE PROVIDED FOR; APPLICATIONS OF MATERIALS NOT OTHERWISE PROVIDED FOR
☐	C10	PETROLEUM, GAS OR COKE INDUSTRIES; TECHNICAL GASES CONTAINING CARBON MONOXIDE; FUELS; LUBRICANTS; PEAT
☐	C11	ANIMAL OR VEGETABLE OILS, FATS, FATTY SUBSTANCES OR WAXES; FATTY ACIDS THEREFROM; DETERGENTS; CANDLES
☐	C12	BIOCHEMISTRY; BEER; SPIRITS; WINE; VINEGAR; MICROBIOLOGY; ENZYMOLOGY; MUTATION OR GENETIC ENGINEERING
☐	C13	SUGAR INDUSTRY
☐	C14	SKINS; HIDES; PELTS; LEATHER

图 5-60　化学类分类检索界面图

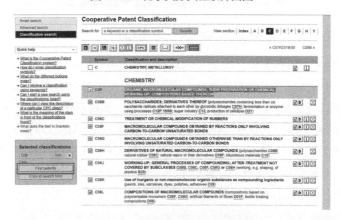

图 5-61　化学类分类检索步骤图

图 5-62　分类检索结果图

5.6 中外文专利检索作业

[1] 简述所学的各类中外文专利数据库的检索途径、检索基本流程、检索技巧和全文下载途径。

[2] 选择一个检索课题,使用中外文专利数据库检索出该课题相关专利的题录信息,书写检索报告[总记录数、列出前5条记录的完整题录信息(专利名、作者和专利申请号)]。

[3] 通过中国知识产权网专利信息服务平台检索吉林大学田文晶教授的专利,并总结田文晶教授的主要技术领域。

[4] 通过三大中国专利数据库检索北京大学占肖卫教授、浙江大学陈红征教授、上海交通大学刘烽研究员、复旦大学俞燕蕾教授和华南理工大学黄飞教授的专利,并分析总结其研究方向。

[5] 通过欧洲专利局检索申请人为南昌航空大学的中外文专利共有多少件?件数最多的是哪位老师?

[6] 通过中国国家知识产权局专利检索及分析系统检索南昌航空大学谢宇教授的专利,总结谢宇教授的研究方向。

[7] 通过中国专利信息中心检索国家纳米科学中心魏志祥研究员和中国科学院物理研究所孟庆波教授的专利,并总结两位老师的主要科研工作。

[8] 通过中国专利信息中心检索锂电池方面的专利,并统计前十名的申请人。

[9] 通过欧洲专利局检索汽车芯片有关专利,并查看专利主要覆盖哪些国家和哪些单位?

[10] 通过本章所学的三大中国专利数据库,检索材料化学领域至少三位国内院士的专利,并总结其贡献。

第6章 SciFinder^n 数据库

6.1 数据库简介

SciFinder^n 是由美国化学文摘社（Chemical Abstracts Service，CAS）开发的权威科学研究工具，该工具提供了全球较全面和可靠的化学及相关学科领域研究信息合集。SciFinder^n 由国际科学家团队追踪全球科技进展，通过每日更新汇总、标引和管理着全球的科学专利和期刊等内容，并利用 SciFinder^n 中的检索技术揭示相关技术信息，供研究人员及时准确地同步全球最重要的研究进展。

SciFinder^n 涵盖了化学、生物、医药、食品、工程、农学和物理等多学科的科技信息。SciFinder^n 收录的文献类型主要有期刊、专利、会议论文、学位论文、图书、技术报告、评论和网络资源等。同时，SciFinder^n 还包含了七个数据库，化学学科重要的 CASREACT®（化学反应数据库）、CAplusSM（文献数据库）、CAS REGISTRYSM（物质信息数据库）、MARPAT（马库什结构专利信息数据库）、CHEMLIST®（管控化学品信息数据库）、CHEMCATS®（化学品商业信息数据库）和 MEDLINE®（美国国家医学图书馆数据库）。此外，与老版的 SciFinder Scholar 相比，新开发的 SciFinder^n 还融入了专利 PatentPak 浏览下载全文和具体合成方法解决方案（Methods Now Synthesis）以及逆合成路线规划（Create Retrosynthesis Plan）。目前，SciFinder^n 中高校应用最多的四种检索方式主要包括全面检索、物质检索、反应检索和文献检索，其中反应检索是 SciFinder^n 的一大特色和优势，便于按需检索特定反应的反应条件，加快科研步伐，助推科技创新。

SciFinder^n 在国内高校中已得到了较好的普及，多数 985 和 211 高校已购买使用权。

6.2 全面检索（All）

对于已购买 SciFinder^n 的高校和企事业单位，基本登入步骤是通过单位局域网登入，再注册即可使用。以南昌大学的登入途径为例，首先，进入南昌大学图书馆，找到 SciFinder 化学文摘（CA）网络版，点击"访问链接"（图 6-1），在弹出来的窗口中点击"Take me to CAS SciFinder^n"（图 6-2），即进入 SciFinder^n 检索界面。

图 6-1　SciFinder^n 从图书馆进入界面图

图 6-2　进入 SciFinder^n 界面图

以下以青蒿素有关的文献检索为例来介绍采用 All（全面检索）进行检索的操作流程。首先在检索框中输入"qinghaosu"，点击"Search"（图 6-3）。从检索结果图 6-4 可看出，共检索到了 8009 篇文献，2970 条相关反应信息。

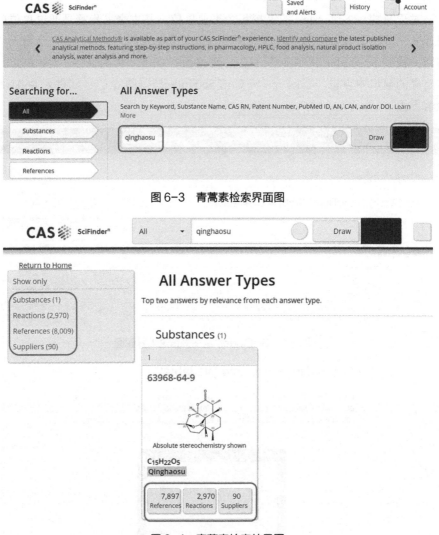

图 6-3　青蒿素检索界面图

图 6-4　青蒿素检索结果图

6.2.1　查看相应的反应信息

如果要查看有关青蒿素的具体反应信息，点击图 6-4 下方的"Reactions"，即可看到具体的反应步骤信息，包含了反应试剂、溶剂和催化剂等，如果要查看反应的详细信息，点击下方的"View Reaction Detail"（图 6-5），具体反应信息详见图 6-6。

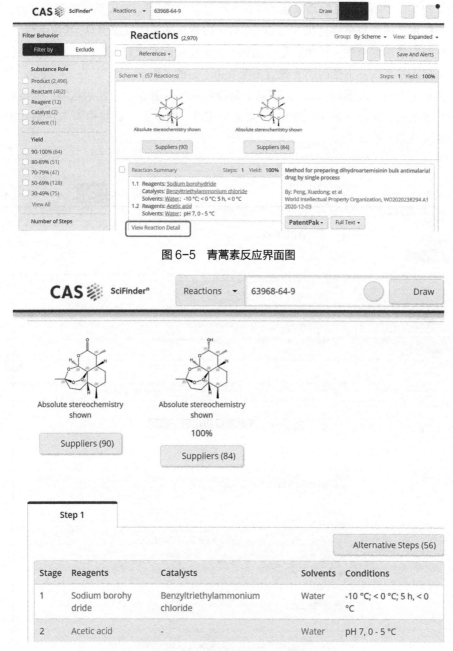

图 6-5 青蒿素反应界面图

图 6-6 青蒿素反应具体信息图

6.2.2 下载反应信息

由于 Scifinder[n] 资源非常宝贵，每个高校和企事业单位购买的端口非常有限（一般仅购买四个端口,也就是只能允许四个账号同时检索)。为了更好地利用资源,让更多的用户都能有机会使用 Scifinder^n。对于检索到的具体反应信息,建议下载下来,方便的时候慢慢查看,以免占用 SciFinder^n 的使用时间和登入名额,妨碍本单位其他用户正常登入。下载时,首先点击图 6-4 下方的"Reactions",在 Reactions 界面点击右上方的下载图标(⬇),即可下载检索结果(图 6-7),然后按需选择要导出的结果范围(比如需要 1~31 条),命名好文件(图 6-8),即可得到 PDF 格式的反应具体信息(图 6-9)。

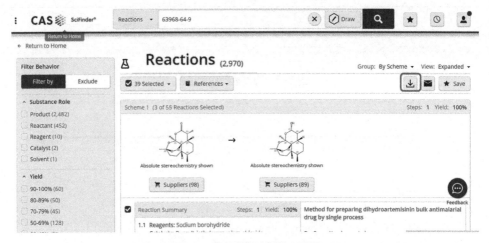

图 6-7 青蒿素反应信息下载图

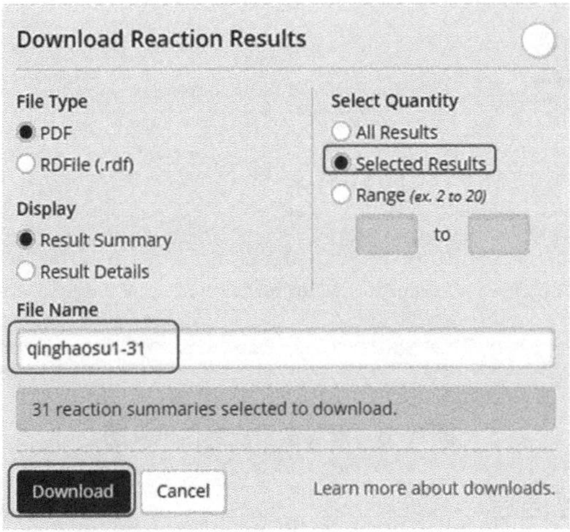

图 6-8 青蒿素结果下载设置图

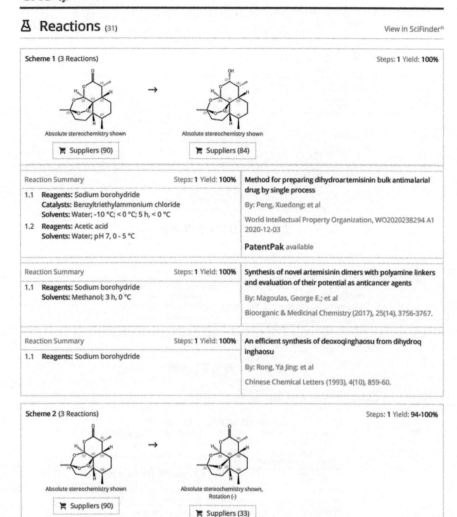

图 6-9　下载的青蒿素具体反应信息

6.2.3　获取专利信息

如果要下载检索结果中的专利信息，首先从图 6-10 左侧 "Document Type" 中勾选 "Patent"，点击图 6-11 右侧 "PATENTPAK"，再点击 "PDF"，即可下载 PDF 格式的说明书全文，下载的说明书见图 6-12。

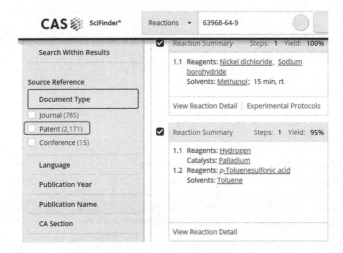

图 6-10 专利下载界面图

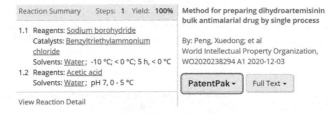

图 6-11 专利下载步骤

图 6-12 下载的专利说明书

6.2.4 查看文献信息

如要查看与检索结果相关的文献信息,点击图 6-4 下方的"References",即可看到具体的文献信息。从图 6-13 可看出,共检索到 7897 条文献,其中包含期刊 6160 条、专利 1593 条和综述 1137 条等,文献的排序方式有四种,分别为 Relevance(相关度)、Times Cited(引用次数)、Accession Number(入藏号)和 Publication Date(出版时间)。

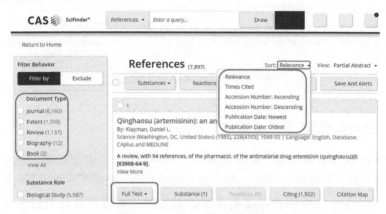

图 6-13　查看文献信息结果图

6.2.5 下载全文

SciFinder^n 本是一个文摘数据库,倘若所在单位购买了对应的全文数据库,那对应数据库的文献就能下载全文。如何从 SciFinder^n 链接到下载全文的界面呢?首先,点击题目和摘要下方的"Full Text",获取期刊的全文链接,然后点击 DOI 链接,见图 6-14。进入全文界面后,点击上方的"Download PDF"即可下载,如图 6-15 所示。

图 6-14　下载全文链接界面图

图 6-15　下载 PDF 全文界面图

6.2.6　保存检索结果，设定信息更新提醒

对于从事科学研究或产品研发等工作的科技人员，需要长期对某个领域的文献进行跟踪，设置信息更新提醒有助于节约时间，提高工作效率。如何检索一次就自动保存检索结果并设定信息更新提醒呢？以保存青蒿素反应信息的检索结果为例，首先，在"Reactions"页面点击右上方的"Save"图标（如图 6-16），再选择提醒频率，点击"Save"，保存成功后界面会弹出"Save Successful"（图 6-17）。

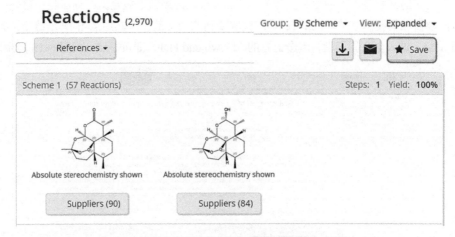

图 6-16　设定信息更新提醒界面

图 6-17　信息更新提醒设置界面

> **课程思政**
>
> 疟疾，是一种由寄生虫感染而引起的传染病，是全世界最严重的传染疾病之一。从谈"疟"色变到实现无疟疾，中国的消除疟疾之路离不开青蒿素以及它的发现者屠呦呦。20 世纪 60 年代，人类饱受疟疾之害。1969年，时年 39 岁的屠呦呦临危受命，接受了国家艰巨的抗疟研究任务。经过上百种中药筛选、数百次失败，屠呦呦和团队终于研制出青蒿素。自20 世纪 70 年代问世以来，青蒿素类抗疟药成为疟疾肆虐地区的救命药，据世卫组织不完全统计，青蒿素在全世界已挽救了数百万人的生命。2015年，屠呦呦凭借"中药和中西药结合研究提出了青蒿素和双氢青蒿素的疗法"获得诺贝尔生理或医学奖，这是中国科学家因为在中国本土进行的科学研究首次获诺贝尔科学奖，是中国医学界迄今为止获得的最高奖项。屠呦呦成功提取青蒿素以及在治疗疟疾方面的巨大贡献离不开她舍小家为大家的精神，也离不开她爱国敬业的奉献精神以及科研创新精神，值得当代大学生学习！

6.3　物质检索（Substances）

物质检索可通过物质名称、化学物质登记号（CAS）、专利申请号以及 DOI（Digital Object Identifier，数字对象标识符）等检索，只要知道其中之一，均可检索。

如要查找 CAS 为 28165-52-8 的相关文献，在检索框中输入 28165-52-8，点击搜索图标，详见图 6-18 所示。共检索到了 134 篇相关的文献，116 个相关的化学反应和 71 家供应商（图 6-19）。

图 6-18　物质检索界面图

图 6-19　物质检索结果图

6.4　反应检索（Reactions）

6.4.1　绘制化学结构式检索

对于化学和材料类专业，经常会合成一些新物质，就会涉及具体反应条件，常见的数据库仅能通过相应的检索字段进行检索，能通过化学结构和具体反应检索的平台很少，Web of Science 通过检索式检索到的结果不全。因此，化学结构及化学反应检索是 SciFinder^n 的一大亮点与特色，充分利用它可加速科研进展，提升创新能力。如果要查找 2,5-二溴-3-噻吩甲醇的相关反应，首先进入反应检索界面，点击"Draw"，绘制 2,5-二溴-3-噻吩甲醇的结构式，结构式绘制好后点击 OK，具体绘制进入和操作界面详见图 6-20 和图 6-21。

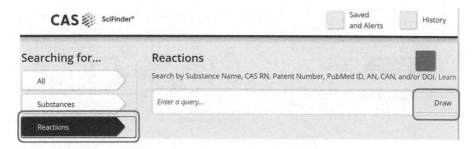

图 6-20 进入绘制结构式界面图

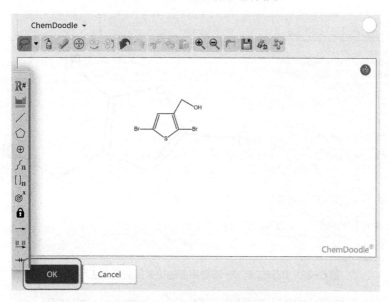

图 6-21 绘制结构式界面图

具体反应检索结果见图 6-22，其中 As Drawn 检索（除可变位置外，其他位置为锁环锁原子检索）共 51 篇，Substructure（亚结构）468 篇，亚结构检索一般母体不变，取代基会有调整。如要下载、保存和分享所检索到的文献信息，可点击检索结果页面右上方 ⬇ 图标下载检索信息，点击 ✉ 图标分享检索信息，点击 ★ Save 图标保存检索信息并设置定题服务。如果对 2,5-二溴-3-噻吩甲醇的具体反应信息感兴趣，可单击图 6-22 中的 2,5-二溴-3-噻吩甲醇的结构式，即可查看其 CAS 号，反应信息和供应商等信息（图 6-23）。

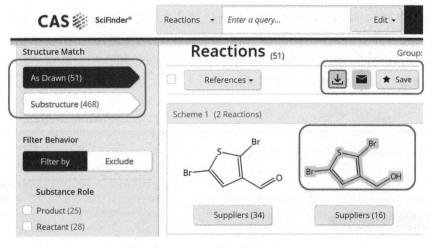

图 6-22　反应检索结果图

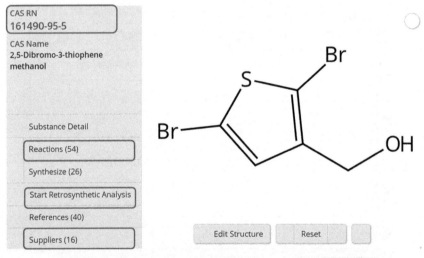

图 6-23　2,5-二溴-3-噻吩甲醇的相关反应及供应商信息等

6.4.2　逆合成路线设计工具——Retrosynthesis 的使用

与常规的 SciFinder Scholar 相比，SciFinder[n] 具有独特的逆合成路线设计功能，可方便用户根据目标产物以及步骤数和成本综合考虑来设计逆合成路线，这对科研工作者和研发人员非常有帮助。比如要检索上述 2,5-二溴-3-噻吩甲醇的逆反应合成路线，点击图 6-22 中已用方框框出来的需要逆合成路线设计的物质 2,5-二溴-3-噻吩甲醇的结构式，在弹出的界面中点击"Start Retrosynthetic Analysis"（图 6-23），选择一步合成，设置从普通反应出发初始原料每摩尔不超过 100 美元，点击"Create Retrosynthesis Plan"（图 6-24）。

图 6-24 逆合成路线具体步骤数和成本设置图

从检索结果图 6-25 可看出，该一步反应的产率预计 94%，预计合成每 100g 该物质总消耗金额不超过 19.56 美元，方便给用户提供反应合成的难易程度及成本方面的参考。如果要看具体反应步骤，点击"Retrosynthesis Step Key，"再点击"View Steps Menu"，然后点击"Evidence"（图 6-26），即可看到逆合成路线具体路线图，从检索结果图 6-27 左上方可看出产率超过 90%的文献超过 1 万篇，这说明该物质比较容易合成，且产率高，合成成本较低，查找具体反应路线的步骤详见图 6-26 和图 6-27。如果要看产率为 90%以上的反应路线，点击图 6-27 左上方 Yield（90-100%）即可。

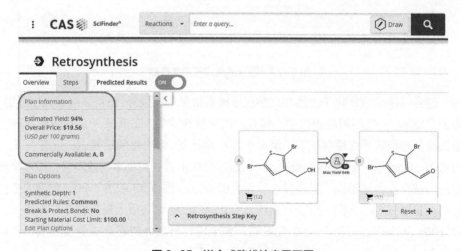

图 6-25 逆合成路线检索界面图

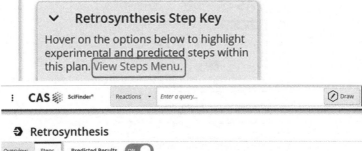

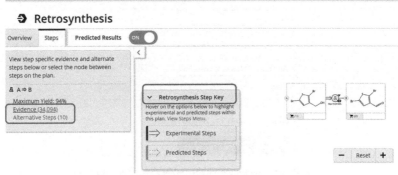

图 6-26　逆合成路线具体路线图

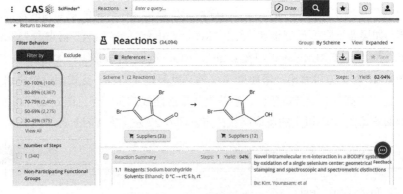

图 6-27　逆合成路线检索结果图

　　逆合成路线设计除了上述在化学反应检索结果中查找外，还可直接进入主界面，点击"Draw"，绘制相应的化学结构式。比如想查找 2,7-二溴-9,9-二(6-溴己基)芴，进入绘制结构式界面绘制 2,7-二溴-9,9-二(6-溴己基)芴的化学结构式，点击"OK"，再点击"Start Retrosynthetic Analysis"，选好合成步骤数和每摩尔成本等，即可得到相应的逆反应合成路线，具体操作界面见图 6-28、图 6-29 和图 6-30，创建的逆反应路线见图 6-31，预计产率为 100%，合成每 100g 该物质大概需要 23.34 美元，每 100g 成本折合人民币 160 元左右，如果需要看具体的逆反应合成路线，点击图 6-31 下方的"Retrosynthesis Step Key"即可。

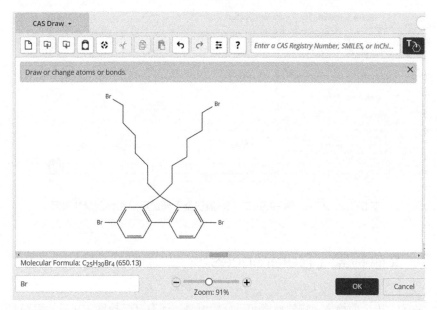

图 6-28　2,7-二溴-9,9-二（6-溴己基）芴绘制界面图

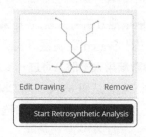

图 6-29　创建 2,7-二溴-9,9-二（6-溴己基）芴逆反应路线界面

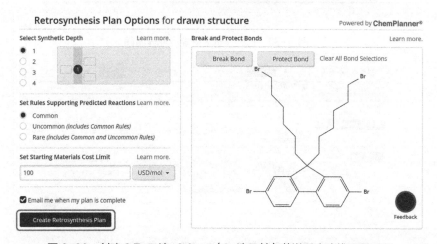

图 6-30　创建 2,7-二溴-9,9-二（6-溴己基）芴逆反应路线设置界面

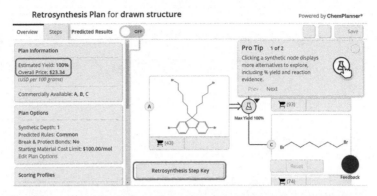

图 6-31　2,7-二溴-9,9-二（6-溴己基）芴逆反应路线创建结果图

6.5　文献检索（References）

除了上述全面检索、物质检索和反应检索外，还有文献检索，文献检索跟其他数据库的检索方式类似，找出想要检索文献的关键词，整理检索词，恰当地撰写检索式检索即可。如要检索有机太阳能电池方面的文献，在检索框中输入 organic photovoltaic cell* or organic solar cell*，点击"Search"，见图 6-32。从图 6-33 中可看出，共检索到 11302038 条文献信息。检索结果太多时，可进一步加检索条件查找目标文献。若只想看 2017—2021 年的期刊文献，从图 6-34 左侧 Document Type 勾选 Journal，时间范围选择 2017—2021 年，点击"Apply"，即可筛选 2017—2021 年的期刊文献。

图 6-32　检索有机太阳能电池界面图

图 6-33　有机太阳能电池检索结果图

图 6-34　筛选 2017—2021 年有机太阳能电池期刊文献界面图

6.6　本章作业

[1] 通过 SciFinder^n 检索稀土分离方面的文献，并通过高被引论文和热点论文筛选，总结我国在稀土分离方面工作做得比较好的几个课题组的工作。

[2] 根据同学们的兴趣，通过反应检索一个目标化学结构式的相关反应，根据逆合成路线评估合成该目标产物的产率和成本。

[3] 检索化学登记号（CAS）为 439942-93-5 的化学物质的相关反应，并下载 PDF 格式的反应信息。

[4] 通过 SciFinder^n 查找超级电容器方面的期刊文献，找出他引次数最高的文献，总结该文献主要做了什么工作，解决了什么科学问题。

[5] 通过 SciFinder^n 检索清华大学帅志刚教授和中国科学院大学黄辉教授的文献，并总结两位老师的主要科研方向。

第 7 章
ScienceDirect 数据库

7.1 数据库简介

荷兰 Elsevier 出版集团是全球较大的科技与医学文献出版发行商之一，每年出版大量的学术图书和期刊。ScienceDirect 系统是 Elsevier 公司的重要产品，从 1999 年开始向用户提供电子出版物全文服务，该数据库的大部分期刊已被 SCI、SSCI 和 EI 收录，是世界上公认的高品位学术期刊，包括超过 2200 种经过同行评议的期刊和超过 2000 种系列丛书、手册及参考书等。该数据库共涉及四大学科领域，包含物理学与工程、生命科学、健康科学、社会科学与人文科学。迄今为止，该数据库收录全文文献总条数已超过 856 万。

7.2 查找与研究主题相关的文章

7.2.1 简单检索

简单检索提供了关键词（Keywords）、作者名（Author name）、期刊名/书名（Journal/book title）、卷（Volume）、期（Issue）、页码（page）等检索项。如果要检索有机太阳能电池方面的文献，可在第一个检索项 Keywords 处输入检索式 organic photovoltaic cell or organic solar cell，点击检索图标，如图 7-1 所示，共检索到 40597 条文献（图 7-2），通过检索界面右上方可看出，该数据库有 relevance（相关度）和 date（时间）两种排序方式。如果文献检索信息太多，可以通过左侧的 Refine 功能进一步缩小范围，可以按年份（Years）和期刊类型（Article type）等来进一步筛选。如果要下载全文，点击下方的"Download PDF"图标（图 7-3），即可下载该篇文献的 PDF 全文（图 7-4）。如果对该篇文献的补充信息有需求，可以单击篇名，在弹出来的界面中点击左侧的 Appendix A. Supplementary data，即可下载该文献的支持信息全文，如图 7-5 和图 7-6。

图 7-1　简单检索有机太阳能电池界面图

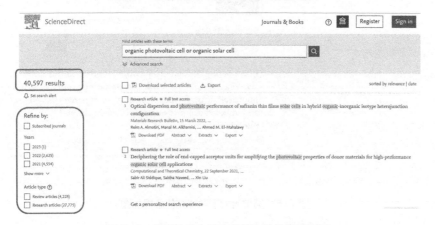

图 7-2　简单检索有机太阳能电池检索结果图

图 7-3　简单检索下载全文界面图

Effect of oligothiophene π-bridge length in D-π-A star-shaped small molecules on properties and photovoltaic performance in single-component and bulk heterojunction organic solar cells and photodetectors

Yuriy N. Luponosov [a,*,g], Alexander N. Solodukhin [a,b], Artur L. Mannanov [a,b], Petr S. Savchenko [a], Benedito A.L. Raul [c], Svetlana M. Peregudova [a,d], Nikolay M. Surin [a], Artem V. Bakirov [a,e], Maxim A. Shcherbina [a,f], Sergei N. Chvalun [a,e], Maxim S. Pshenichnikov [c,**], Dmitry Yu Paraschuk [a,b,***], Sergey A. Ponomarenko [a]

图 7-4 简单检索下载的 PDF 全文

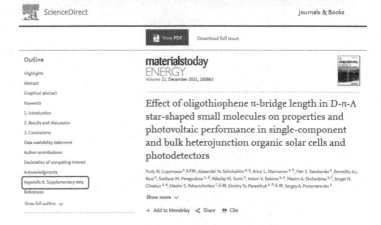

图 7-5 简单检索下载补充信息界面图

Electronic Supplementary Information to

Effect of oligothiophene π-bridge length in D-π-A star-shaped small molecules on properties and photovoltaic performance in single-component and bulk-heterojunction organic solar cells and photodetectors

Yuriy N. Luponosov [a,‡,*], Alexander N. Solodukhin [a,‡], Artur L. Mannanov [a,b], Petr S. Savchenko [a], Benedito A. L. Raul [c], Nikolay M. Surin,[a] Svetlana M. Peregudova [a,d], Artem V. Bakirov [a,e], Maxim A. Shcherbina [a,f], Sergei N. Chvalun [a,e], Maxim S. Pshenichnikov [c*], Dmitry Yu. Paraschuk [a,b*], Sergey A. Ponomarenko [a]

图 7-6 简单检索下载补充信息结果图

7.2.2 高级检索

相对于简单检索，高级检索可供选择的检索项更多，逻辑组合能力更强，可以满足用户更加复杂的检索需求。假如要查找摘要、题名或关键词中包含有机太阳能电池方面的文献，选择"Title, abstract or author-specified keywords"，输入"organic photovoltaic cell or organic solar cell",点击"Search"(图 7-7),检索结果共 4056 条,如图 7-8 所示。如果要查看摘要,点击下方的"Abstract",具体见图 7-8。有时检索到的多篇文献相关度均很高,需要批量下载全文。下载时,首先在想要下载 PDF 全文的文献前的方框打勾,勾选了 n 篇上面就会显示"Download n articles"。比如,选中了 3 篇,上面就会显示 Download 3 articles,再点击"Download 3 articles"即可一次性下载三篇文献的 PDF 全文(图 7-9)。

图 7-7 高级检索有机太阳能电池检索界面图

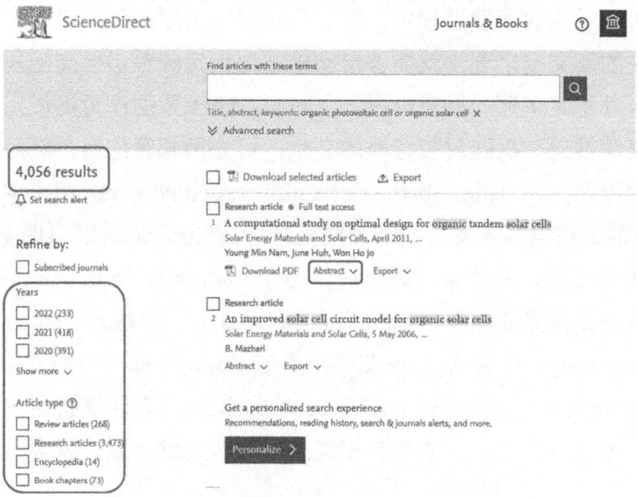

图 7-8 高级检索有机太阳能电池检索结果图

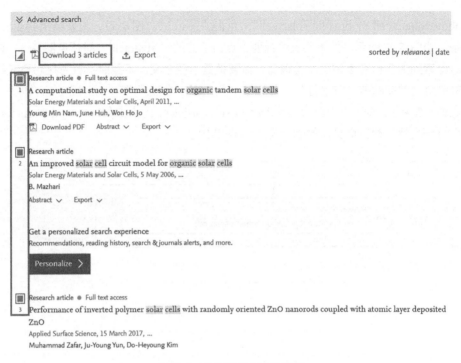

图 7-9　批量下载全文界面图

7.3　定制信息推送服务

在科学研究或企业研发过程中，需要跟踪特定主题的研发进展，期望一旦有与关注主题相关的新文献出现，就能够自动推送到指定邮箱，提高工作效率，避免遗忘和错过国内外特定主题的最新进展。ScienceDirect 数据库可提供定制信息推送服务。如果想自动推送有机硅封装方面的文献，可先用邮箱注册，然后登入数据库，选择高级检索界面，在"Title, abstract or author-specified keywords"中输入"Silicone package"（目前该数据库不支持*和?等截词符），点击"Search"（图 7-10），总共检索到 180 条相关文献。在检索结果页面（图 7-11）点击"Set search alert"进入特定主题信息推送设置界面，在"Name of search alert"中输入"silicone package"，在"Email frequency"中输入"weekly"，点击"Save"即可（图 7-12），随后界面将弹出 Your search alert was saved as: silicone package，表明该特定主题的信息自动推送已成功设置（图 7-13），如果有相关主题的新文献出现，就会每周自动推送到注册的邮箱。

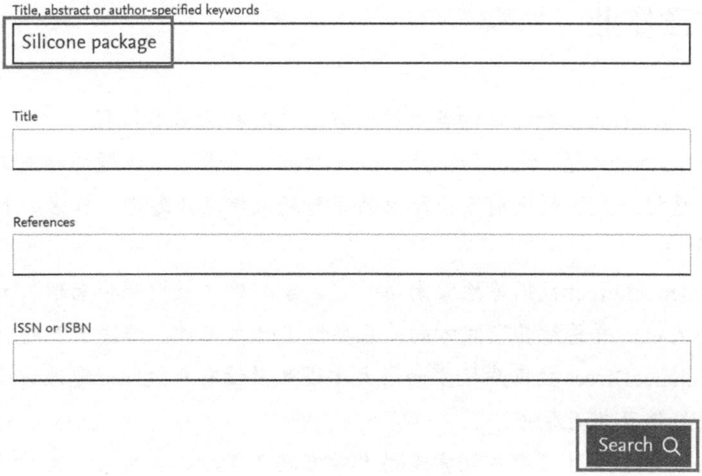

图 7-10 特定主题信息推送设置步骤

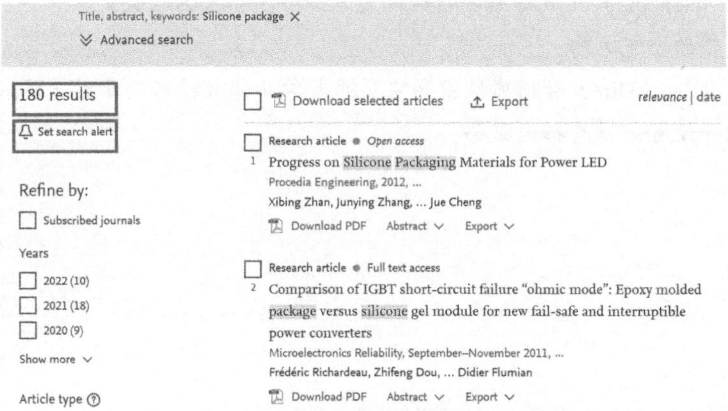

图 7-11 特定主题信息推送设置进入界面图

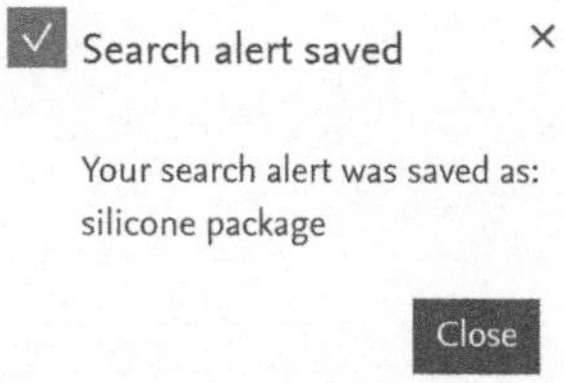

图 7-12 特定主题信息推送频率设置界面图   图 7-13 特定主题信息推送设置成功界面图

第 7 章　ScienceDirect 数据库

7.4 本章作业

[1] 简述 ScienceDirect 数据库的各类检索方法及其检索基本流程。

[2] 选择一个检索课题，使用 ScienceDirect 数据库检索出该课题的相关文献的题录信息 [总记录数、列出前 5 条记录的完整题录信息（题名、作者、刊名、年卷期页码）]。

[3] 通过 ScienceDirect 数据库检索南昌航空大学邹建平教授和华南理工大学马东阁教授的文献，并总结其研究方向，主要做了什么工作，解决了哪些科学问题。

[4] 通过 ScienceDirect 数据库检索南昌大学谌烈教授有机太阳能电池方面的文献，并设置好信息推送服务。

[5] 通过 ScienceDirect 数据库检索南昌大学袁忠义教授、江西理工大学吴彩斌教授和江西师范大学钟声亮教授的文献，并按出版时间倒序列出题录信息。

[6] 通过 ScienceDirect 数据库调研武汉大学闵杰研究员的相关文献资料，总结闵杰研究员的研究方向。

[7] 通过 ScienceDirect 数据库检索西安交通大学马伟教授与南开大学陈永胜教授的文献并设置好信息推送服务。

第 8 章
Web of Science 数据库

8.1 数据库简介

Web of Science（WOS）是全球最大、覆盖的学科最多的综合性文摘索引数据库之一。迄今为止，WOS 收录了包含自然科学、工程技术和生物医学等多学科领域文献，目前收录了 8700 多种具有高影响力的核心学术期刊。Web of Science 具有强大的检索功能，包含基本检索、作者检索、被引参考文献检索、高级检索和化学结构检索。与其他单个数据库相比，WOS 整合了 Science Citation Index Expanded（SCIE）、Social Science Citation Index（SSCI）和 Arts & Humannites Citation Index（A & HCI）收录的数据库资源，可检索 1985 年至今自然科学、社会科学、艺术和人文领域世界一流的学术期刊、书籍和会议录，并浏览完整的引文网络。同时，所有出版物的参考文献均完全标引且可检索所有作者和作者的所有附属机构，还可使用引文跟踪对引用活动进行跟踪，借助引文报告，以直观的图形方式了解引用活动和趋势。此外，还可以使用分析检索结果，确定研究趋势和出版物模式。WOS 包含的 MEDLINE®数据库是美国 National Library of Medicine®（美国国家医学图书馆）主要的生命科学数据库，可检索生物医学、生命科学、生物工程、公共卫生、临床护理及动植物科学等领域的文献资料，可利用 MeSH 主题词和化学物质登记号（CAS）进行精确检索。因此，WOS 的特点是兼具广度、深度与质量，可让用户快速检索到有价值的文献信息，帮助用户深入了解有关学科领域或课题国内外最新研究进展。

8.2 基本检索

基本检索适合于逻辑组合不强的简单检索。比如要查找石墨烯相关的文献，首先选择"Web of Science 核心合集"数据库，再选择"主题"检索项，输入检索词"graphene*"，这里使用了无限截词符*，可提高文献的查全率，最后点击"检索"（图 8-1）。通过检索结果图 8-2 可看出，共检索到 309672 篇文献。

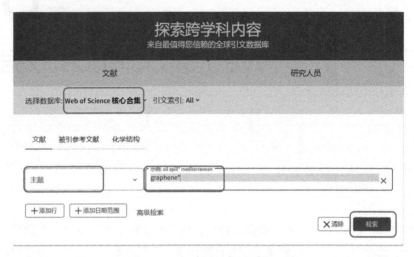

图 8-1　基本检索石墨烯检索界面图

图 8-2　基本检索石墨烯检索结果图

8.2.1　快速锁定高影响力论文

（1）查看高被引论文和热点文章

在检索的时候经常会遇到检索结果很多的情况，但研究人员的时间有限，如何在有限的时间内高效地了解本领域的研究进展？查看高被引论文和热点文章就是一项很好的策略。以图 8-3 检索 "Graphene*" 的结果为例，可以勾选检索界面左侧框出来的高被引论文 8462 篇和热点论文 158 篇，点击精炼（图 8-2），共检索到 8479

篇符合高被引或热点论文的高影响力论文，详见图 8-3。为什么热点论文和高被引论文的总篇数不是 8462+158=8620 篇呢？因为有些论文同时被选为高被引论文和热点论文，如图 8-3 中的第二篇期刊论文即属这种情况。

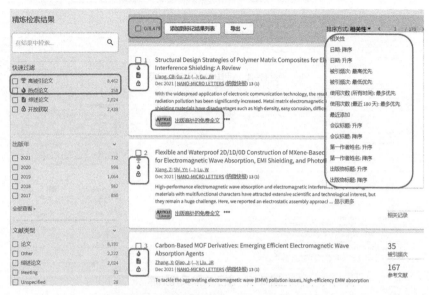

图 8-3　快速锁定高影响力论文检索结果图

从检索界面右侧也可看出，Web of Science 有相关性、日期、被引频次、使用次数、会议标题、第一作者姓名和出版物标题共七类排序方式，可根据需要选择合适的方式对检索结果进行排序。

(2) 下载全文

Web of Science 本身是文摘数据库，不提供下载全文的功能，但如果所在学校或单位购买了相关的数据库，则可点击摘要下方"出版商处的免费全文"（图 8-3），再在弹出来的界面中点击"PDF"图标即可下载。

8.2.2　查看某文献的施引文献信息

若要查看某篇文献的施引文献分布，该如何操作？以检索锂电池相关文献为例，与图 8-1 操作类似，选择"主题"，输入"lithium battery*"，点击"检索"。检索结果排序方式选择"被引频次：最高优先"，共检索到 62419 条结果，最高被引频次为 9180（图 8-4）。单击篇名，在文献详细信息页面（图 8-5）右侧显示了施引文献的数量为 9180 篇，同时图 8-5 右下角还有分类引用项目信息，如图中的文献有 828 篇施引文献在背景部分（Background）提及该文献，有 128 篇是在讨论部分（Discussion）提到该文献。

图 8-4 锂电池检索界面图

图 8-5 施引文献具体信息

8.2.3 查看他引情况

一篇文献的引用情况包含自引和他引,他引次数可从一定程度上判断文献的含金量,因此,也被广泛关注。如何查看一篇文献的他引次数呢?以查看篇名为"Synthesis and Properties of Polyacetylenes Containing Terphenyl Pendent Group with Different Spacers"的期刊论文的他引次数为例。首先,选择"标题"字段,输入该期刊论文的篇名,点击检索(图 8-6)。从检索结果图 8-7 中可看出,共检索到一篇相关文献,再点击右上角的引文报告,即可得到图 8-8 的引文报告折线图,从图中可看出他引次数共 32 次,如若需要完整报告,可点击右上角"导出完整报告",再命名文件,选择要导出的记录数和导出文件的格式,点击"导出"即可(图 8-9)。

图 8-6 查看他引情况步骤图(一)

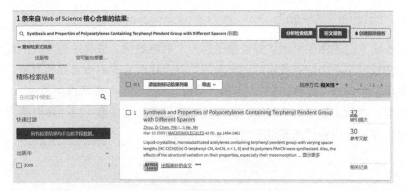

图 8-7　查看他引情况步骤图（二）

图 8-8　查看他引情况界面图

图 8-9　导出完整引文报告界面图

8.2.4 快速检索到综述

对于刚入门的新手，阅读综述是了解一个领域最快、最有效的方法，那么如何从众多的检索结果中快速找到综述文献呢？以上述图 8-3 的检索界面为例，在左侧的文献类型中勾选"综述论文"，点击"精炼"（图 8-10）即可得到图 8-11 所示的检索结果，共检索到 2024 篇相关的综述。可根据"相关度"或"被引频次"对综述文献排序后选择合适的文献下载阅读。

图 8-10　综述检索界面图

图 8-11　综述检索结果图

8.3 被引参考文献检索

以一篇文章题目、一个作者、一个 DOI 号或者一本书作为检索词，均可进行被引参考文献检索。在不了解检索关键词或者难于限定关键词的时候，可以从一篇较高质量的文献出发，追踪其施引文献，再通过查看施引文献的参考文献或施引文献，对整个课题领域全貌就有了较全面的了解。如要查找篇名为 "Interface-induced face-on orientation of the active layer by self-assembled diblock conjugated polyelectrolytes for efficient organic photovoltaic cells" 的文献的施引文献，首先进入被引参考文献检索界面，选择被引标题，输入上述篇名，点击"检索"（图 8-12）。在检索结果图 8-13 中点击右侧施引文献 28 即可查看该检索文献的施引文献（图 8-14），找到施引文献后还可再进一步查看施引文献的施引文献或其参考文献，从而形成一个该领域的文献信息网，快速了解该领域的研究现状及研究进展。

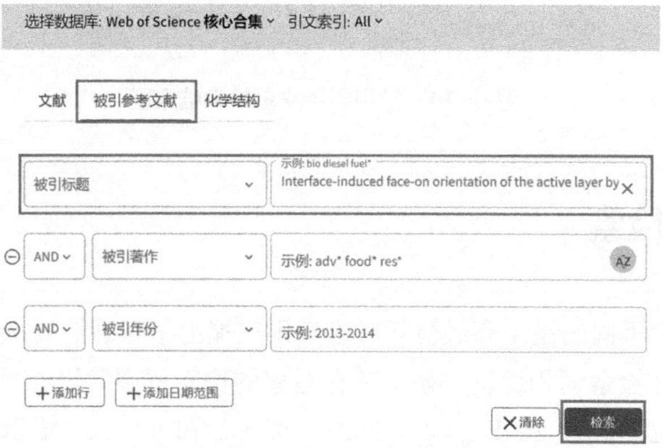

图 8-12 被引参考文献检索界面图

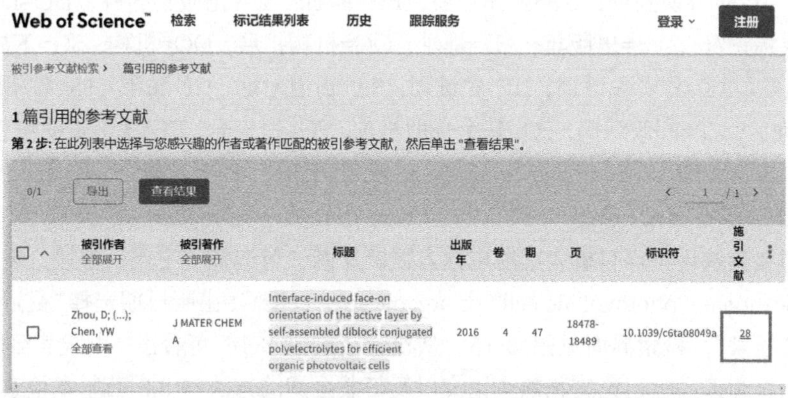

图 8-13 被引参考文献检索结果图

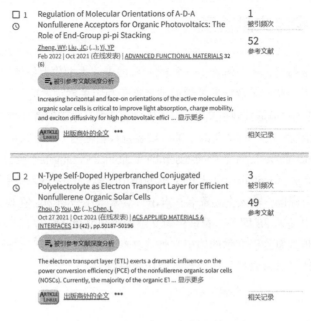

图 8-14　被引参考文献检索结果图

8.4　高级检索

与其他检索不同的是，高级检索对检索用户提出了更高的要求，需要用户根据检索需求确定好检索词和逻辑关系，并在对应的检索框中编辑好检索式，WOS 能够识别的布尔运算符有 AND、OR、NOT、SAME 和 NEAR，编辑检索式时需要用户能够熟记一些常用检索字段的标识，具体字段标识如下：TS=主题，TI=标题，AU=作者，AI=作者识别号，GP=团体作者，ED=编者，SO=出版物名称，DO=DOI（数字对象标识符），PY=出版年，AD=地址，OG=机构扩展，OO=机构，SG=下属机构，AB=摘要，AK=作者关键词，KP=关键词，SA=街道地址，CI=城市，PS=省/州，CU=国家/地区，ZP=邮政编码，FO=基金资助机构，FG=授权号，FT=基金资助信息，SU=研究方向，WC=Web of Science 分类，IS=ISSN/ISBN，UT=入藏号，PMID=PubMed ID，ALL=所有字段。

如要查找近五年有机太阳能电池方面的文献，可选择"主题"字段，编辑检索式"TS=(organic photovoltaic cell* or organic solar cell*)"，出版日期选择"最近五年"，点击"检索"，检索界面见图 8-15。从检索结果图 8-16 可看出，共检索到 17488 篇文献，筛选高被引论文和热点论文以及下载全文的方法与 8.2 节基本检索的方法一致。

图 8-15　高级检索界面图

图 8-16　高级检索结果图

8.5　化学结构检索

在科学研究及产品研发过程中，有时需要针对某个具体的反应调研国内外的相关文献资料，这时采用主题等字段检索很难检索到所需要的反应的具体条件，用化学结构检索就可以快速满足此项需求，提高工作效率。化学结构检索可检索与某个结构相关的具体反应。比如要检索 2,5-二溴苯酚相关化学反应的条件，首先选择化学结构检索，在绘制结构式区域画出 2,5-二溴苯酚的结构，点击检索（图 8-17），相关检索结果见图 8-18，如果要查看反应信息，点击图 8-18 中的"查看化学反应详情"，即可看到该反应的详细信息（图 8-19）。

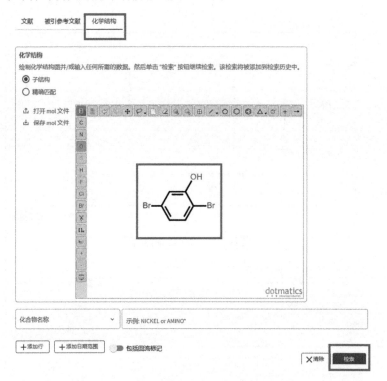

图 8-17　2,5-二溴苯酚化学结构检索界面图

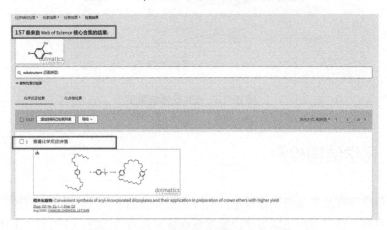

图 8-18　2,5-二溴苯酚化学结构检索结果图

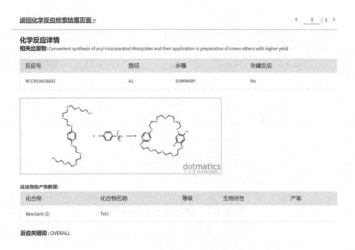

图 8-19　化学反应详情界面图

8.6　检索式的管理及定题服务

对于长期从事某个课题研究的人员来说，需要长期跟踪了解某个检索式的相关文献，如果每隔一段时间都要手动重复检索非常浪费时间，也降低了科研效率。因此，设置检索式的管理及定题服务非常必要。下面以查找有机太阳能电池电子传输层（阴极界面层或阴极缓冲层）的文献，并保存该检索式和实现定题服务为例进行说明。首先，进入基本检索界面，选择"主题"，输入"electron transport layer* or cathode interfacial layer* or cathode buffer layer*"，再添加一行，逻辑关系选择"AND"，再选择"主题"，输入"organic solar cell*"，点击"检索"（图 8-20），共检索到 5709 条相关文献，点击检索结果页面右上角的"创建跟踪服务"（图 8-21），输入跟踪名称，勾选"向我发送电子邮件跟踪，"点击创建（图 8-22），界面将弹出"成功创建跟踪"信息（图 8-23）。

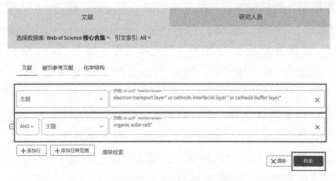

图 8-20　检索界面图

图 8-21　跟踪服务设置入口图

图 8-22　定题跟踪服务设置界面图　　图 8-23　跟踪服务设置成功图

8.7　跟踪关注文章的引用情况

　　对于一些想要关注的文章，可以通过设置提醒，自动推送新增引用情况，节约时间，提高检索效率。如想添加南昌航空大学周丹老师有关有机太阳能电池电子传输层（阴极界面层、阴极缓冲层）相关文献的引用跟踪。首先，进入基本检索界面，选择主题，输入"electron transport layer* or cathode interfacial layer* or cathode buffer layer*"，逻辑关系选择"AND"，再选择主题，输入"organic solar cell*"，逻辑关系选择"AND"，再选择作者，输入"Zhou D"，逻辑关系选择"AND"，再选择所属机构，输入"Nanchang Hangkong University"，点击"检索"，具体检索操作界面见图 8-24，检索结果见图 8-25。如果要对第一篇期刊论文设置引文跟踪，单击篇名，在检索结果界面中点击"创建引文跟踪"，输入邮箱地址，点击"创建引文跟踪"，系统提示"该论文每次被引用时，您都会自动收到电子邮件。"点击创建，界面弹出成功创建引文跟踪，如图 8-26 和图 8-27。

图 8-24　定题跟踪检索界面图

图 8-25　引文跟踪设置界面图

图 8-26　创建引文跟踪界面图

图 8-27　引文跟踪自动推送设置界面图

8.8　本章作业

[1] 简述 Web of Science 数据库的各类检索方法及其检索基本流程。

[2] 选择一个检索课题，通过 Web of Science 数据库检索出该课题相关文献的题录信息［总记录数、列出前 5 条记录的完整题录信息（题名、作者、刊名、年卷期页码）］。

[3] 通过 Web of Science 数据库检索有机光催化材料方面的文献，要求使用截词符、同义词和近义词检索，提高文献的查全率。

[4] 通过 Web of Science 数据库检索江西师范大学钟声亮教授和中国科学院大连化学物理研究所刘生忠研究员的论文情况，按"被引频次：最高优先"排序，列出前十条的题录信息。

[5] 通过 Web of Science 数据库检索南昌航空大学罗旭彪教授的论文情况，并按"被引频次：最高优先"排序，筛选出高被引论文和热点论文，凝练罗旭彪教授的研究方向。

[6] 通过 Web of Science 数据库检索南昌航空大学宋仁杰教授发表的论文情况，总结宋仁杰教授的研究方向。

[7] 通过 Web of Science 数据库检索浙江大学李昌治教授发表的学术论文，凝练其研究方向，指出其代表性的研究工作是什么，解决了哪些关键科学问题。

[8] 通过 Web of Science 数据库检索浙江大学申有青教授的相关工作，并总结其研究成果。

[9] 通过 Web of Science 数据库检索兰州大学严纯华院士的相关文献资料，总结概括严院士的主要研究领域以及解决了哪些关键科学问题。

[10] 通过 Web of Science 数据库检索超级电容器方面的文献资料，并列出文章被引次数最多的十位通讯作者。

第 9 章
文献管理软件 EndNote X9 快速入门

9.1　学习文献管理软件 EndNote 的意义

在日常学习和教学科研中，文献管理常常会遇到诸多问题，比如较多文献从不同数据库重复下载，导致储存空间浪费；文献存放混乱，需要某篇文献时很难快速找到目标文献；撰写科技论文或毕业论文时，后面的参考文献列表编写起来非常繁琐费事；在科技论文投稿时，很多时候投稿不是那么顺利，在投了一个刊物被拒后需要再投另外一个刊物，有些时候可能会被拒好几次，在此过程中需要根据不同的投稿期刊要求反复修改参考文献格式，非常浪费时间，大大降低了工作效率；有些时候导师需要把一篇文献分享给不同层次的多位学生，比如研究生和本科生等，需要重复发送，这样非常费事；同时，科研团队需要下载最新文献，团队不同成员经常会重复下载同一文献，浪费了团队的宝贵时间。为了解决上述诸多问题，学习文献管理软件 EndNote 就非常有意义。EndNote 的常用功能有快速查找一篇文献、查找文献中的标注、在指定位置插入参考文献、更新参考文献格式和分享文献等。通过学习利用 EndNote 文献管理软件，可以在同等时间内阅读更多的文献，下载到更多的文献，让大家获得更多信息，开拓视野，为科技创新奠定基础。

9.2　软件功能快速演示

本章以 Endnote X9 为例，介绍软件的有关功能和操作。

要使用 EndNote 文献管理软件，首先需要安装该软件。默认安装仅安装 500 个左右的参考文献格式（EndNote style）以及部分数据库链接；而自定义安装可安装

6000 个 EndNote style 文件和全部 connection file。对于一般的用户，默认安装即可满足需求。安装完成后会建立个人数据库，生成两个文件夹：我的 EndNote Library. Data 和我的 EndNote Library. enl。EndNote 操作界面主要分为四个区域，区域 1 为检索区域，包含线下检索、线上检索和线上线下集成检索，区域 2 为导航窗口，区域 3 为文献窗口，区域 4 是预览窗口（图 9-1）。

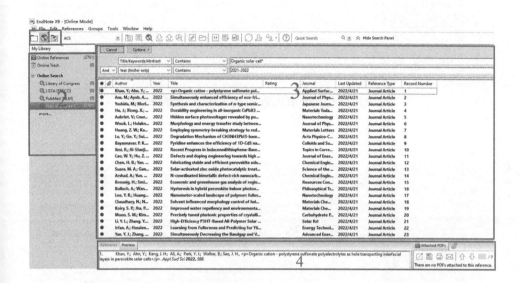

图 9-1　EndNote 界面图

9.3　在线检索

在线检索功能可方便用户在 EndNote 上直接输入检索词检索文献，避免利用数据库检索后再导入文献而浪费时间，提高工作效率。假如想要查找 2020 年发表的有机太阳能电池方面的文献，可以利用 EndNote 的线上检索（ ），再选择 Web of Science （WOS， Web of Science Core. ），然后选择 Year 和 Title/Keywords/Abstract，在对应行分别输入 2020 和 Organic Solar Cell*，点击 Search 即可执行检索，具体检索界面见图 9-2。检索结果见图 9-3，从中可看出，共检索到 1860 篇文献，点击 OK 即可下载，导航窗口处可显示实时下载文献的数量，可查看下载的实时进度，如图 9-4 所示，实时下载的速度与网速等有关系，经过一段时间，显示已下载 1860 篇，表明此时已全部下载完毕。

图 9-2　EndNote 在线 Web of Science 检索界面图

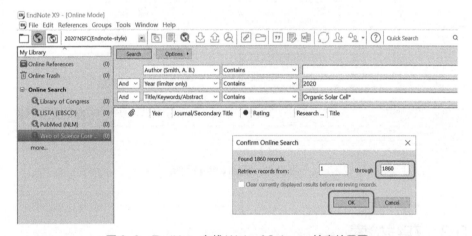

图 9-3　EndNote 在线 Web of Science 检索结果图

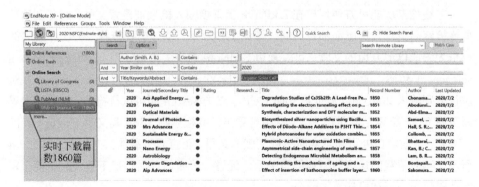

图 9-4　EndNote 在 Web of Science 检索实时下载篇数图

线上检索到的文献如何归纳整理到文件夹中呢？首先，进入 EndNote，进入区域 1，点击左上角 Local Library Mode（□），单击右键在弹出的菜单中点击"Create Group"，再右键点击新建的 Group，选择"Rename Group"，重命名该组文献，例如把该组文献命名为刚检索的 2020 Organic Solar Cell*，具体操作步骤见图 9-5 和图 9-6。接下来再回到区域 1，点击 ⊕ 图标，回到刚刚的在线检索界面，选中刚刚检索到的 1860 篇 2020 年有关有机太阳能电池的文献，单击右键，在弹出的菜单中选择"Add References to 2020 Organic Solar Cell*"即可把检索到的全部文献归纳整理到该组，详见图 9-7。进行该步骤后可回到区域 2 导航窗口看到 1860 篇文献已成功归纳到命名为 2020 Organic Solar Cell*（2020 有机太阳能电池）的分组里，详情见图 9-8。

图 9-5　EndNote 创建文献分组步骤

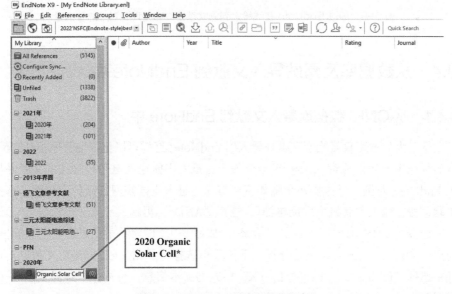

图 9-6　EndNote 创建文献分组命名

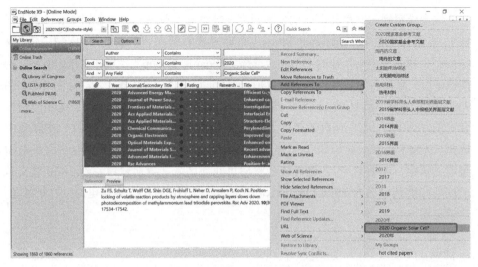

图 9-7　把在线检索到的文献归纳到 EndNote 对应的分组里

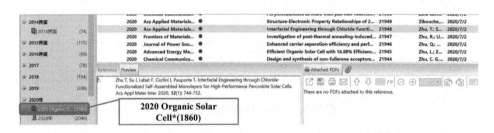

图 9-8　通过 EndNote 在线检索到的文献已成功整理到对应的分组里

9.4　从数据库及网站导入文献到 EndNote 中

9.4.1　从 CNKI 数据库导入文献到 EndNote 中

从各大数据库直接检索文献并导入到 EndNote，这样可以更好地管理相关文献。本节以在中国知网检索 2019 年至今关于有机太阳能电池电子传输层的文献并导入 EndNote 为例，具体操作步骤如下：首先，进入中国知网高级检索界面，选择主题字段，输入"有机太阳能电池"，选择"AND"，再输入"电子传输层"，起始时间选择"2019-01-01"，点击"检索"，如图 9-9。检索结果如果需要全部导出，勾选"全选"，点击"导出与分析"下拉菜单选择"导出文献"，再在文献导出格式中选择"EndNote"，即可导出 TXT 格式的文本信息，具体操作界面见图 9-10 和图 9-11。

图 9-9　特定需求高级检索界面

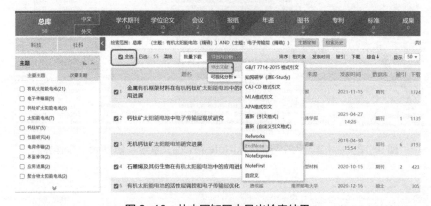

图 9-10　从中国知网中导出检索结果

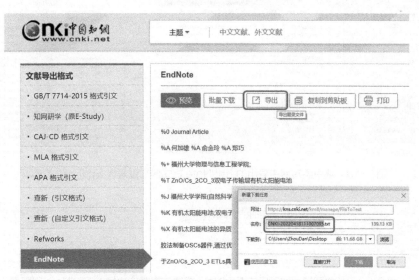

图 9-11　从中国知网中导出 EndNote 格式的文献界面

第 9 章　文献管理软件 EndNote X9 快速入门

导出的 EndNote 格式的文献导入到 EndNote 的步骤如下：打开 EndNote 软件，点击左上方的"File"，在弹出的菜单中依次选择"Import"和"File"（见图 9-12）；在弹出的界面中"Import Options"选择"EndNote Import"，在"Import File"中点击"Choose"选择刚刚导出的 TXT 文档，点击"Import"即可，见图 9-13；导入成功后即可看到在"Imported References（50）"部分新增了刚刚从中国知网导出的 50 篇文献，如图 9-14。

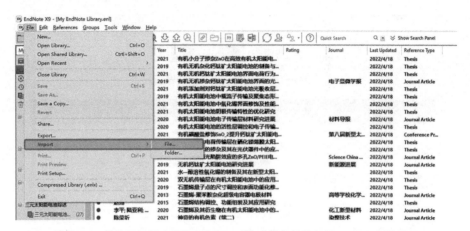

图 9-12　从中国知网中导出 EndNote 格式的文献导入 EndNote 操作界面

图 9-13　从中国知网中导出的 EndNote 格式的文献导入 EndNote 的选项

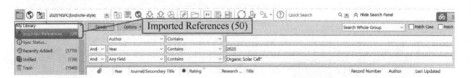

图 9-14　从中国知网中导出的 EndNote 格式的文献成功导入 EndNote 界面图

9.4.2 从 WOS 导入文献到 EndNote 中

由于 Web of Science（WOS）是全球最大且覆盖学科最多的综合性文摘索引数据库之一。学会从 WOS 导入文献到 EndNote 中可以节约大量文献整理时间，提高科研效率。下面以 WOS 检索 2019 年至 2022 年关于光催化的文献并导入 EndNote 为例说明导入操作。首先，进入 WOS 基本检索界面，选择"主题"，输入"photocataly*"，使用无限截词符*提高查全率，时间范围选择"20190101 至 20221231"，点击检索（图 9-15），检索结果见图 9-16，共检索到 65494 篇相关文献，勾选高被引论文（1769）和热点论文（159），点击精炼。按需勾选筛选后的高被引论文及热点论文（本例勾选了 4 条），随后在上方选择"导出"，点击"EndNote Desktop"（图 9-17），记录内容一般选择作者、标题、来源出版物和摘要，再点击"导出"（图 9-18）。当然，也可根据需要选择导出页面上的所有记录或者导出第 X 条到第 Y 条，导出后得到 ciw 格式的文件（图 9-19），双击该文件即可导入 EndNote（图 9-20），导入成功后就可在 EndNote Imported References 中看到新增了 4 篇文献，如图 9-21。

图 9-15 从 Web of Science 检索 2019 年至 2022 年光催化相关文献界面图

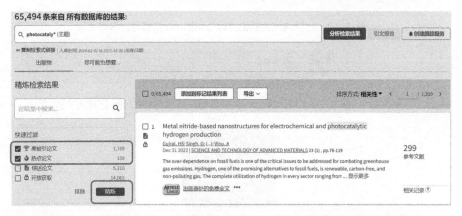

图 9-16 从 Web of Science 检索 2019 年至 2022 年光催化相关文献结果图

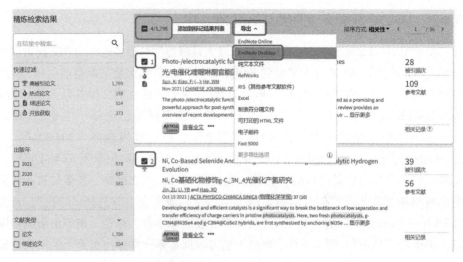

图 9-17　把筛选出来的论文以 EndNote 格式导出步骤 1

图 9-18　把筛选出来的论文以 EndNote 格式导出步骤 2

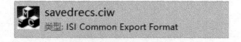

图 9-19　从 WOS 以 EndNote 格式导出文献后得到的 ciw 格式的文件

图 9-20　ciw 格式文件双击导入 EndNote 界面图

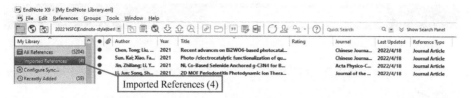

图 9-21　从 WOS 成功导入文献到 EndNote 界面图

9.4.3　从百度学术导入文献到 EndNote 中

百度学术也是为用户免费提供中英文检索的搜索平台，也支持导入文献到 EndNote。下面以在百度学术检索分子印迹聚合物的文献并导入 EndNote 为例说明导入操作。首先，进入百度学术界面，输入"分子印迹聚合物"，点击"百度一下"，如图 9-22。如果需要批量导出检索结果，则依次点击需要导出的文献摘要下面的"批量引用"，点击了几篇，页面右侧就会出现对应的数字，比如点击了 4 篇文献的批量引用，右侧就出现了图标（图 9-23），再点击图标上的数字 4，在弹出的界面中勾选上方的"全选"，点击左侧的"Endnote"（图 9-24），再点击右上角的导出（图 9-25），即可得到 enw 格式的文件（图 9-26）。双击该文件即可导入 EndNote 中。

图 9-22　百度学术检索分子印迹聚合物界面图

图 9-23　百度学术检索批量导出 EndNote 格式界面图

图 9-24　百度学术检索批量导出 EndNote 格式步骤 1

图 9-25　百度学术检索批量导出 EndNote 格式步骤 2

图 9-26　百度学术检索批量导出 enw 格式的 EndNote 引用文件

如果只需要将单篇文献（如图 9-23 中的第一篇文献）导入到 EndNote 中，单击图 9-23 中该文献下方的 "引用"，在弹出来的界面中点击下方的 "EndNote"（图 9-27），即可导出 enw 格式的文件（图 9-28），与批量导出的结果一样，双击该文件即可导入 EndNote 中。

图 9-27　百度学术单篇导出 EndNote 格式界面

图 9-28　百度学术单篇导出 EndNote 格式结果图

9.4.4　从 RSC 导入文献到 EndNote 中

英国皇家化学会（Royal Society of Chemisty，RSC）也是国际化学领域的主要学会之一，同时 RSC 也是欧洲最大的化学团体，它还是化学化工信息的出版商，该学会于 1841 年成立，可为化学化工领域的科研及研发人员提供较多高质量的文献信息。已购买 RSC 数据库的单位可通过单位图书馆局域网找到 RSC 进入，未购买该数据库的单位和个人可通过 RSC 官方网址进入界面（图 9-29），点击右侧 Read & search our journals，再点击界面右上方 "Advanced" 进入高级检索界面（图 9-30）。下面以检索 RSC 中关于钙钛矿太阳能电池的文献并导入 EndNote 为例说明导入操作。输入检索词 "Perovskite Solar Cells*"，点击 "Find"（图 9-31），检索到了 6868 条结果（图 9-32），需要导出哪篇文献即单击该文献的篇名，在右侧下方 Citation 处下拉选择"EndNote",点击"Go"(图 9-33)。再在弹出来的窗口中点击"下载",得到 ris 格式的文件,双击该文件即可把对应的文献导入到 EndNote 中(图 9-34)。

图 9-29　RSC 主界面

图 9-30　RSC 进入高级检索界面

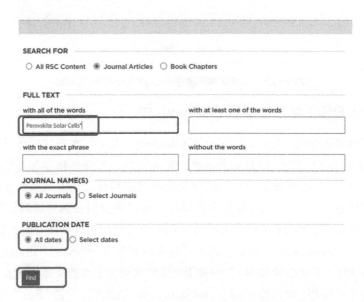

图 9-31　RSC 检索钙钛矿太阳能电池相关文献界面图

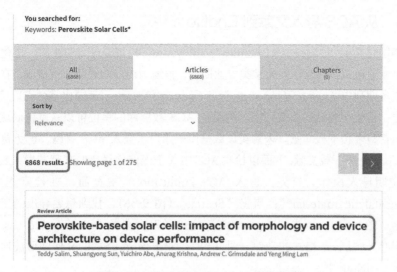

图 9-32　RSC 导出 EndNote 格式步骤

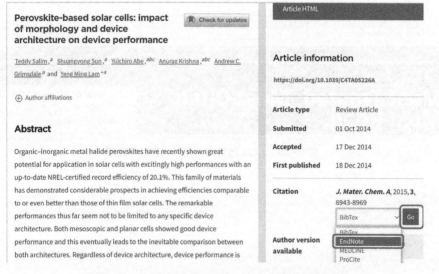

图 9-33　RSC 导出 EndNote 格式文献导出界面图

图 9-34　RSC 导出 EndNote 格式文献下载界面图

9.4.5　从 ACS 导入文献到 EndNote 中

美国化学会（American Chemical Society，ACS）成立于 1876 年，是化学领域的一个专业组织，拥有许多化学类专业期刊，报道国内外的最新研究成果，在该数据库的众多期刊中 *Journal of the American Chemical Society*（美国化学会志）已有 137 年历史，是化学领域的权威刊物。购买了 ACS 数据库的单位可以从单位局域网内登入，免费检索和下载文献。未购买该数据库的用户可登入 ACS 官网，可免费检索文献，但不能免费下载文献。下面以检索 ACS 中关于光催化材料的文献并导入 EndNote 为例说明导入操作。首先，进入 ACS Publications 主页面，在检索框中输入"Photocatalytic material*"，点击"Search"（图 9-35），找到想要导出的文献，单击篇名（图 9-36），点击"Export RIS"（图 9-37），选择"Citation and abstract"，点击保存，得到 ris 格式的文件（图 9-38），双击该 ris 格式的文件即可成功把文献导入到 EndNote 中。

图 9-35　ACS 检索光催化材料文献界面图

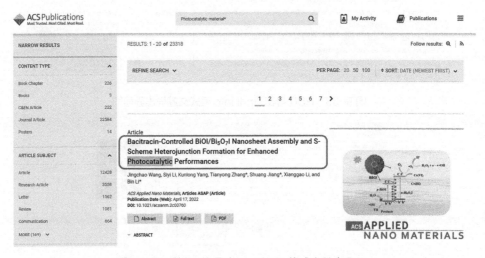

图 9-36　从 ACS 导出 EndNote 格式文献步骤 1

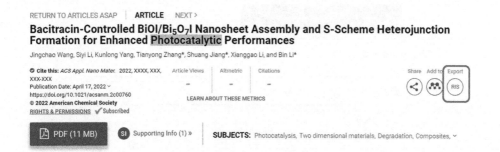

图 9-37　从 ACS 导出 EndNote 格式文献步骤 2

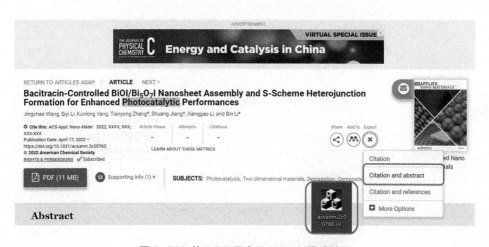

图 9-38　从 ACS 导出 EndNote 格式结果

9.4.6　从 Wiley 导入文献到 EndNote 中

　　Wiley 数据库也是材料、化学和化工领域的一个重要数据库，成立于 1807 年。Wiley 是全球历史最悠久和最知名的学术出版商之一，被赞为世界第一大独立的学术图书出版商和第三大学术期刊出版商。购买了 Wiley 数据库的单位可以通过本单位局域网进入，未购买的可以登录官网，在主页面点击"advanced search"进入高级检索界面。下面以检索 Wiley Online Library 中有关超级电容器的文献并导入 EndNote 为例说明导入操作。首先进入检索界面，检索项选取"Abstract"，输入"supercapacitor*"，点击"Search"（图 9-39），共检索到 3711 条记录，点击检索结果界面上方的"Export Citation(s)"（图 9-40），按需勾选要导出的文献，点击"Next"（图 9-41），在弹出来的窗口中选择"EndNote"，再选择"Citation file or direct import"，点击"Export"（图 9-42），点击下载可得到 enw 格式的文件，双击该文件即可把文献导入 EndNote（图 9-43）。

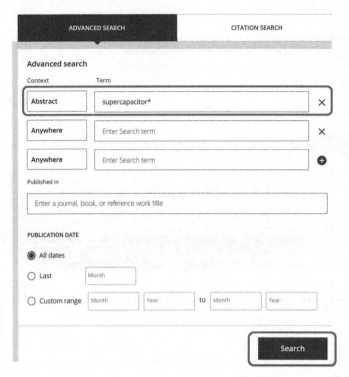

图 9-39　从 Wiley 检索超级电容器界面

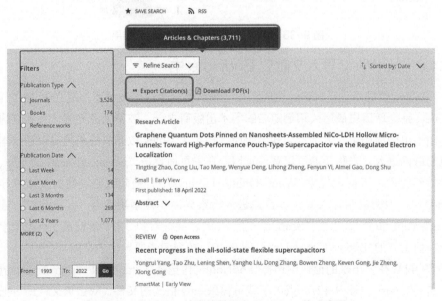

图 9-40　从 Wiley 检索结果导出 EndNote 格式步骤 1

图 9-41　从 Wiley 检索结果导出 EndNote 格式步骤 2

图 9-42　从 Wiley 检索结果导出 EndNote 格式界面设置图

图 9-43　从 Wiley 检索结果导出 EndNote 格式界面设置图

第 9 章　文献管理软件 EndNote X9 快速入门　143

9.5 PDF 格式文献的导入

9.5.1 将单篇 PDF 文献导入 Endnote

将单篇 PDF 文献导入 EndNote 也是使用 EndNote 经常进行的操作。导入时，首先打开 EndNote，点击"File"→"Import"→"File"（图 9-44），选择要导入的 PDF 文件，选择 PDF 格式过滤器，点击"Import"（图 9-45）。

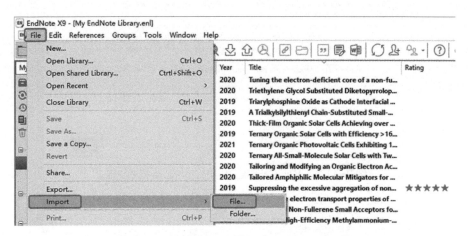

图 9-44 把单篇 PDF 导入到 EndNote 界面图

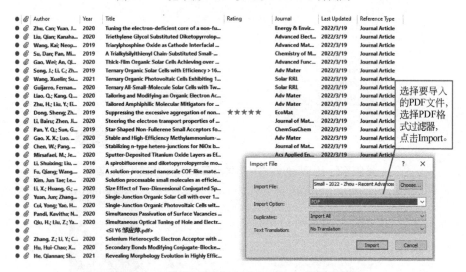

图 9-45 把单篇 PDF 导入到 EndNote 界面设置图

对于没有 PDF 全文的文献，选中其篇名，点击右键，在弹出菜单中选择"File Attachments-Attach File"，选择要导入的 PDF 即可，见图 9-46。

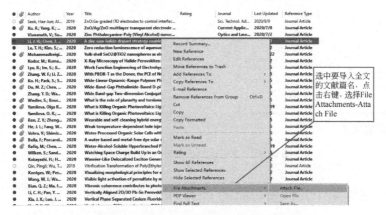

图 9-46　在 EndNote 中上传全文界面图

9.5.2　将 PDF 文献批量导入 Endnote

有些时候需要将线下一个文件夹的文献导入到 EndNote 中，导入时，选择"File-Import-Folder"（图 9-47），在弹出的 Import Folder 页面中选择要导入的文件夹，同时勾选"Include files in subfolders"和"Create a Group Set for this import"，即可使导入文件夹连同子文件夹一起导入并且保留原文件夹的命名（图 9-48），导入成功后即可看到 EndNote 中新增了一个文件夹并且该文件夹中的文献已全部导入（图 9-49）。

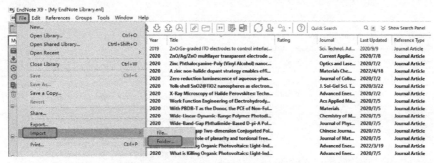

图 9-47　在 EndNote 中导入文件夹

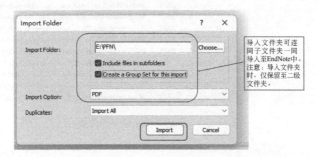

图 9-48　导入子文件夹及保留原文件夹命名设置图

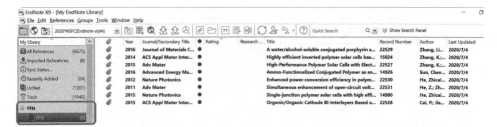

图 9-49　文件夹已成功导入 EndNote 中

9.5.3　监测某个文件夹有新的 PDF 文件自动导入

当线下文件夹有新增 PDF 文件时，可以通过设置同步更新，将新增文件更新到 EndNote 对应的文件夹中，实现电脑和 EndNote 同步。设置同步更新时，首先打开 EndNote 软件，依次点击"Edit—Preferences"（图 9-50），在弹出的 EndNote Preferences 页面中，勾选"Enable automatic importing"，点击"Select Folder"选择需要同步的文件夹，点击确定即可（图 9-51）。经过设置后，关联的本地文件夹中只要有新的 PDF 文档，就会自动导入到 EndNote 对应的文件分组中，实现同步。在 PDF 文件导入的时候，EndNote 要求该文献有 DOI 号才能识别。

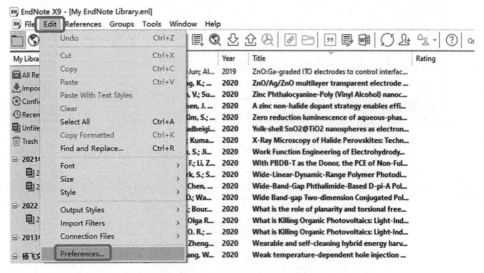

图 9-50　自动同步文件夹界面图

如果部分导入的 PDF 文献信息不完整，可以通过文献信息更新补充部分信息。

具体操作为：选中需要更新的文献，单击右键，在弹出的菜单中选择"Find Reference Updates"（图 9-52），弹出的界面中左边是更新后信息的完整文献，右边是缺失信息的文献，点击"Update All Fields"即可更新文献信息（图 9-53）。

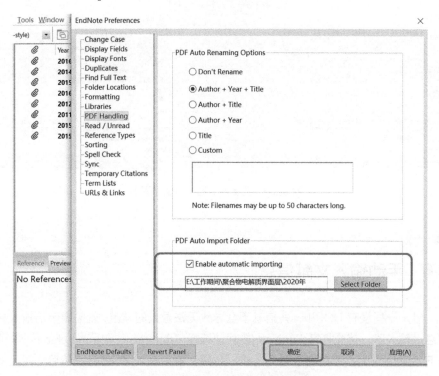

图 9-51　自动同步文件夹设置界面图

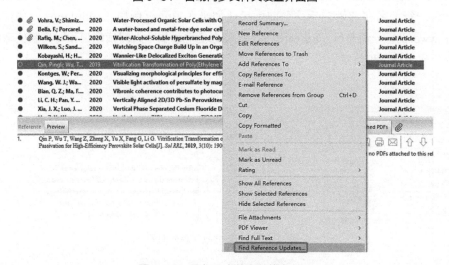

图 9-52　更新不完整文献信息入口

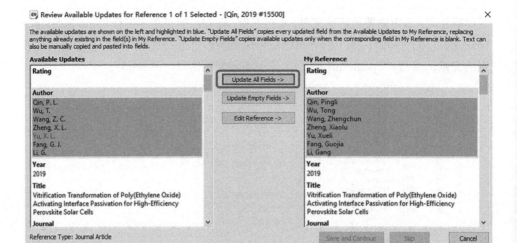

图 9-53　更新不完整文献信息界面

9.6　手动输入文献信息

对于一些没有 DOI 和一些信息不全导致无法导入的文献，就需要手动输入文献信息。输入时，首先打开 EndNote 软件，选择"Reference—New Reference"或点击 EndNote 左上方新建文献图标（　）新建一篇文献（图 9-54），然后在新建文献页面选择文献类型，并在对应的行中输入对应的信息（图 9-55）。作者（Author）一名一行，名在前姓在后，名前姓后要加半角逗号（例如 Smith,John）。关键词（Keywords）一词一行，Research notes 可方便地添加个人阅读笔记和对文献的理解等，便于查询和检索。

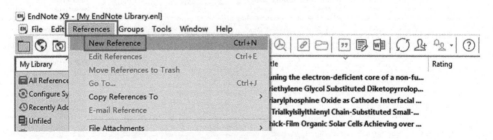

图 9-54　新建文献信息界面图

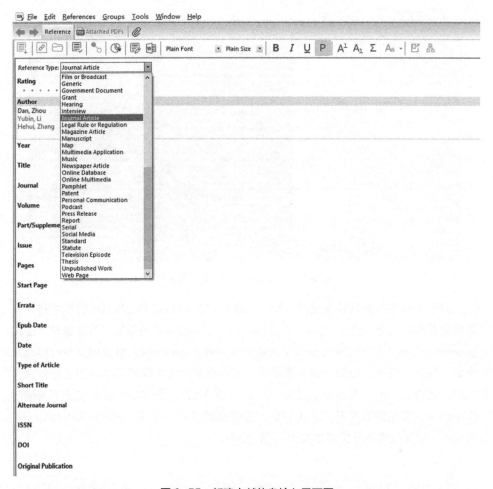

图 9-55　新建文献信息输入界面图

9.7　EndNote 的管理功能

EndNote 软件具有很强的管理功能，常用的管理功能有文献去重、查找全文、布局调整、快速搜索、智能分组、输出和分析等。

9.7.1　文献去重

由于从不同的数据库和平台导入文献，文献的重复很难避免，导致文献数量多，难以管理。因此，EndNote 的去重功能显得尤为重要。去重时，首先打开 EndNote，找到需要去重的文件夹，点击"Reference—Find Duplicates"（图 9-56）。

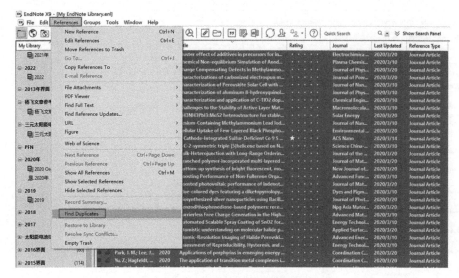

图 9-56　EndNote 的去重功能入口

对于单篇或少数几篇重复的文献，可以在弹出的 Find Duplicates 窗口中选中一篇需要保存的文献，点击"Keep This Record"即可删除掉重复的，具体操作界面见图 9-57。然而，在不同平台检索了大量文献后导入 EndNote，重复的文献可能有几十篇，甚至上百篇，如果一篇一篇操作，非常费事，大大降低了学习和工作效率。此时，可在弹出的去重窗口中点击 Cancel（图 9-57），EndNote 就会在接下来的界面中选中重复的所有文献，点击右键，在弹出的菜单中选择"Move References to Trash，"即可批量删除重复的文献（图 9-58）。

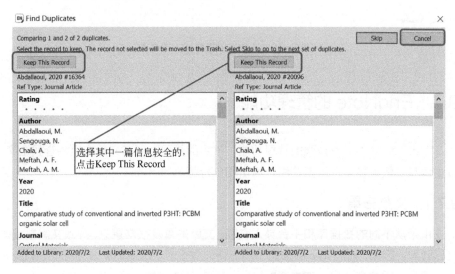

图 9-57　EndNote 的去重界面图

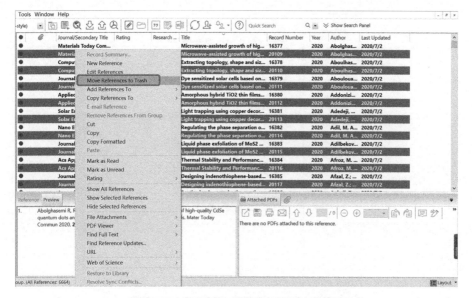

图 9-58　EndNote 的批量去重删除界面图

有些时候两篇文章是同一篇文章的不同出版阶段，比如 just accepted manuscript（刚接受的论文，还未按期刊格式要求调整格式）与正式出版的论文（已按期刊要求调整格式），作者书写格式等可能不同，EndNote 软件可能无法自动识别出这是同一篇文章。此时，选择"Edit—Preferences"（图 9-59），找到 Duplicates 设置，系统默认 Author、Year、Title 和 Reference Type 四项均相同才是同一篇文献，可以取消勾选 Author，让软件识别 Year、Title 和 Reference Type 三项来判断是否是同一篇文献即可解决此类问题，这样就可以避免因作者的写法不同导致 EndNote 误判为两篇不同的文献，如图 9-60。

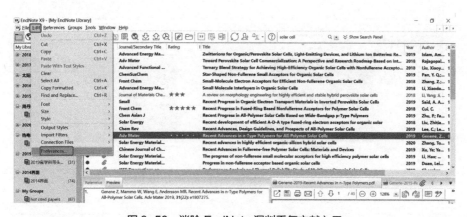

图 9-59　消除 EndNote 漏判重复文献入口

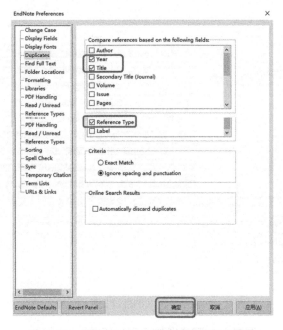

图 9-60　消除 EndNote 漏判重复文献设置图

9.7.2　查找文献全文

对于在数据库和检索平台检索后导入的文献，如何快速为其查找全文呢？有回形针符号（@）的代表此篇文献有全文，无此符号的文献没有全文。对于没有全文的文献，可以选中这些文献，然后点击右键，在弹出的菜单中选择"Find Full Text—Find Full Text"（图 9-61）。如果找到了全文，就会显示回形针符号，如图 9-62。当然，并不是所有 IP 地址的用户都能自动查找全文，需要所在的 IP 购买了对应数据库的全文才能享受此功能。

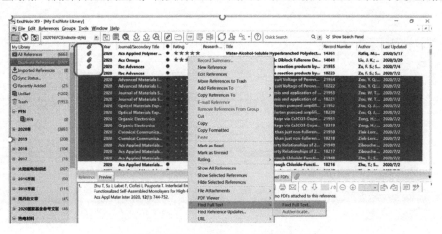

图 9-61　查找文献全文界面图

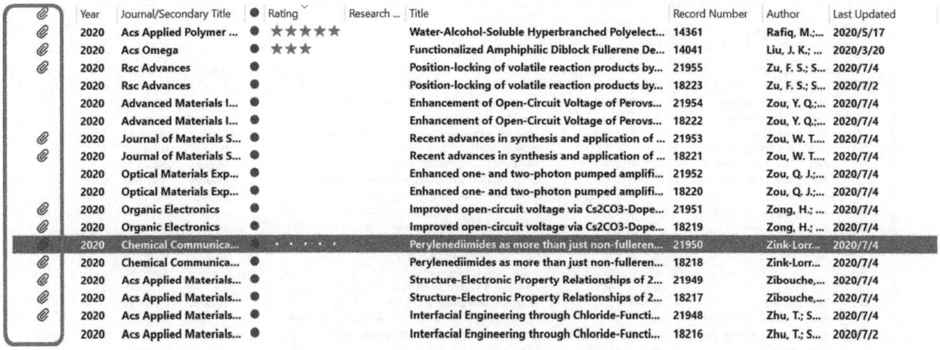

图 9-62　已找到文献全文界面图

9.7.3　布局调整

由于每个人的喜好和习惯不一样，喜欢的布局也会有差异。EndNote 软件也支持按照个人的习惯来调整布局。点击右下角 Layout，按个人喜好选择 Bottom、Bottom-Split、Right 和 Right-Split 四种布局之一（图 9-63），图 9-64 为 Bottom-Split 布局界面。

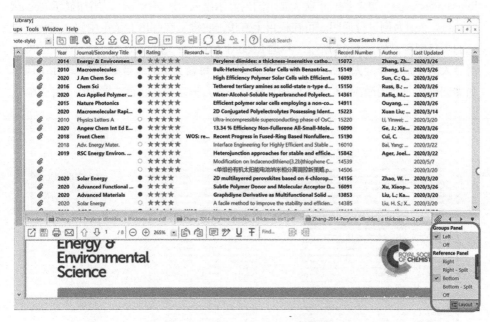

图 9-63　EndNote 布局选择调整图

第 9 章　文献管理软件 EndNote X9 快速入门

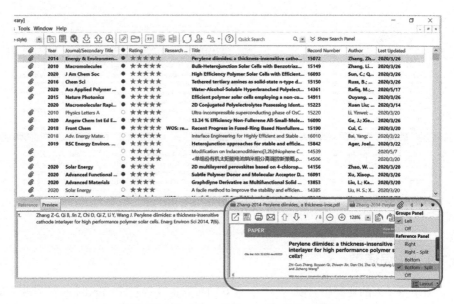

图 9-64　EndNote Bottom-Split 布局界面

9.7.3.1　更多文献信息的显示

EndNote 默认显示的列有 Author、Year、Title、Rating、Journal、Last Updated 和 References Type，如果要把非默认显示的列显示出来，如何操作？以增加显示 Record Number 这列为例进行说明。可在栏目上方单击右键，在弹出的菜单中勾选要增加显示的项目即可，如图 9-65 所示，勾选 Record Number（Record Number 是 EndNote 对导入的文献按导入先后顺序自动生成的编号，每篇文章的编号都是唯一的）即可。如需调整列的前后顺序，左键按住列首标题处左右拖动放在合适位置即可（图 9-66）。

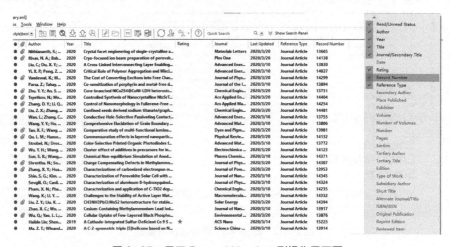

图 9-65　显示 Record Number 列操作界面图

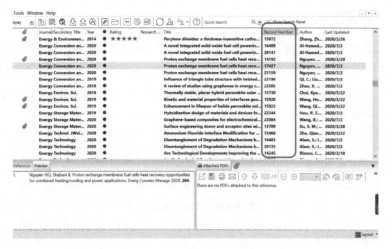

图 9-66　调整列布局界面图

9.7.3.2　文章重要性的标注

对于一些特别重要、需要精读的文献，可以通过标注重要性将其显现出来。标注时，首先选中想要标注重要性的一篇或多篇文献，在其上单击右键，在弹出的菜单中选择"Rating"标注星级（有一星、两星、三星、四星和五星五个档次），具体操作见图 9-67，标注成功后可醒目地看到所标注文献的重要性（图 9-68）。

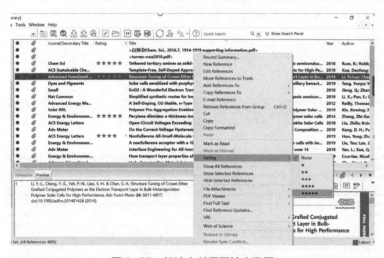

图 9-67　标注文献重要性步骤图

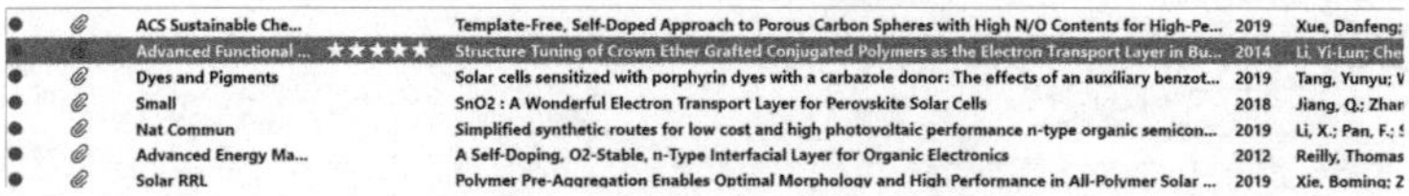

图 9-68　已成功标注五星文献界面图

9.7.4 快速搜索

在文献比较多的情况下，如果要快速找到某些文献，可以在 EndNote 中快速搜索。比如要查找 EndNote 中包含 solar cell 的文献。在 EndNote 软件顶部快速检索框中输入"solar cell"，点击搜索图标（图 9-69），命中的文献都会标黄显示出来，即可快速找到相关文献。

图 9-69　快速搜索界面图

9.7.5 智能分组

智能分组可以根据用户的需求，编辑对应的检索式，实现在 EndNote 中快速检索符合条件的文献并自动合并到一组中。比如想了解南昌大学陈义旺教授课题组的工作，把陈义旺教授的文献单独筛选出来新建一个文件夹，怎么操作？首先右键点击"My Group"，在弹出的菜单中选择 Create Smart Group（图 9-70），再在弹出的窗口中检索项选择"Author"，输入"Chen，Y. W."，点击"Create"即可（图 9-71），从检索结果可看出，在现有文献中共检索到 17 条符合条件的文献，并自动合并到 New Smart Group 组中（图 9-72）。

图 9-70　创建智能分组界面图

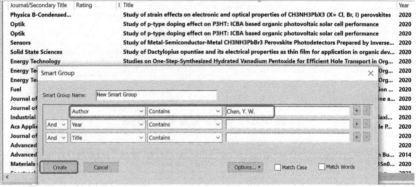

图 9-71　创建智能分组设置界面图

图 9-72　智能分组检索到的文献界面图

9.7.6　文献信息输出

在实际工作和学习过程中，经常需要输出一些文献的相关信息，这时可利用 EndNote 的输出功能，提高工作效率。对于要输出的文献，选中后点击"File—Export"（图 9-73），选择想要输出的 style（如果都需要，选择"Show All Fields"）后保存（图 9-74），即可得到 TXT 格式的文本文件，如图 9-75，输出的信息包含 Reference Type、Record Number、Author、Year、Title、Journal、Volume、Issue、ISSN 和 DOI 号等。

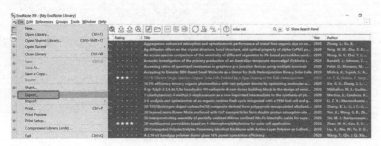

图 9-73　EndNote 文献输出界面图

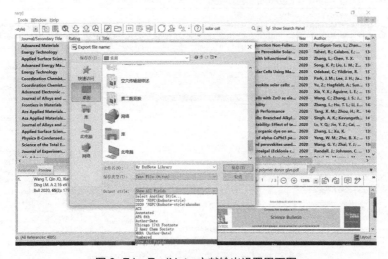

图 9-74　EndNote 文献输出设置界面图

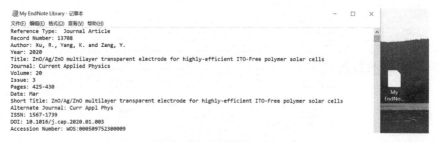

图 9-75　EndNote 文献输出的 TXT 文本文件

此外，EndNote 还支持按作者、年份和题目等限定主题分析导出选中的文献信息，使得导出的文本材料排列更有序。如需按作者分析导出时，选中想要分析的文献，点击"Tools"选择"Subject Bibliography"，在弹出的 Subject Field 对话框中选择"Author"，点击"OK"即可导出具体操作界面见图 9-76 和图 9-77。

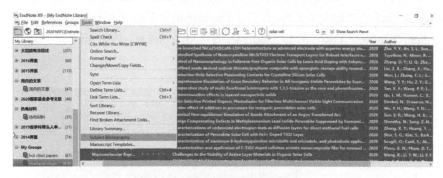

图 9-76　EndNote 按作者分析导出

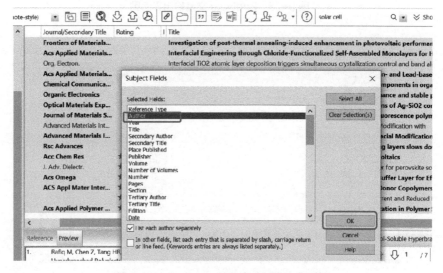

图 9-77　EndNote 按作者分析导出界面图

9.8 利用 EndNote 进行文献引用

在科技论文与报告等写作过程中，经常会涉及引用参考文献。如果手动引用，有两点弊端：一是需要编辑参考文献的格式，导致浪费较多的时间，尤其是参考文献数量几十篇甚至几百篇的时候，手动引用更为费时；二是容易导致重复引用。此时即可用 EndNote 对文献进行引用，节约时间，提高效率。引用方法有以下两种。

方法一：首先将鼠标光标放在 WORD 文档要插入参考文献的位置，然后点击 WORD 文档上方的 EndNoteX9 选项卡，点击"Go to EndNote"，选中要插入的参考文献，点击"Insert Citation"图标（ ）可引用选中的文献作为参考文献，操作界面见图 9-78 和图 9-79。

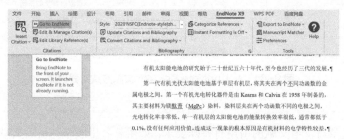

图 9-78　用 EndNote 插入参考文献界面图

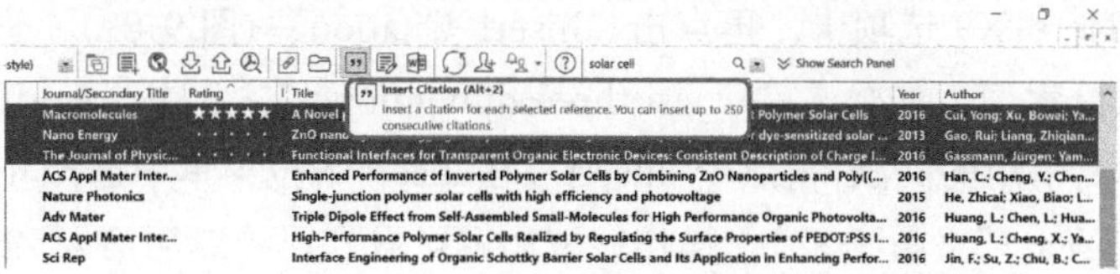

图 9-79　用 EndNote 插入参考文献方法一步骤图

方法二：直接进入 EndNote，选中要插入的参考文献，按 Ctrl+C 键复制（图 9-80），进入 WORD 文档，在要插入参考文献的位置按 Ctrl+V 键粘贴，选中粘贴内容后点击上方的 EndNote X9 选项卡，随后再点击"Update Citations and Bibliography"即可完成引用（图 9-81）。

图 9-80　用 EndNote 插入参考文献方法二步骤图

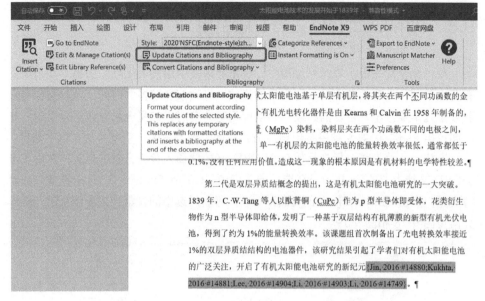

图 9-81　从 EndNote 插入参考文献方法二界面图

有时文章对参考文献的引用有特殊要求，如用著者出版年制引用文献时，需要在正文引用文献处插入著者和出版年。这种情况下引用文献时，首先在 WORD 文档中点击 EndNote X9 选项卡，再点击"Insert Citation"（图 9-82），进入 EndNote 后按需输入检索词，如输入"Quasi-three-dimentional"，点击"Find"，在搜到的结果中选择要引用的文献，再点击"Insert"，在 Insert 下拉菜单中选择"Insert Display as: Author（Year）"（图 9-83），操作完成后就可看到已经成功插入 Zhou, et al.到文档中（图 9-84）。

图 9-82　用 EndNote 在正文中插入文献作者及参考文献界面图

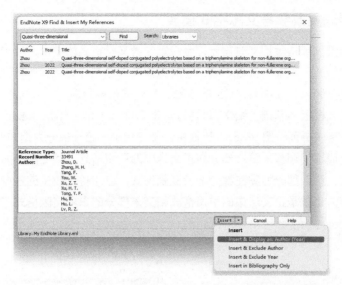

图 9-83　用 EndNote 在正文中插入文献作者及参考文献步骤图

图 9-84　用 EndNote 在正文中插入文献作者及参考文献完成后界面图

9.8.1　选择参考文献格式

在科技论文、毕业论文和各类文件的撰写中，经常会遇到需要指定参考文献格式的情况，如果 EndNote 软件库里有符合条件的，就直接选择该参考文献格式即可。比如向 ACS 旗下期刊投稿，在 Style 下拉选项中选择 ACS（图 9-85）。如果所需格式在软件中没有，可挑选一个与所需格式最接近的模板，然后在此基础上进行微调。

图 9-85　根据需求选择参考文献格式模板

9.8.2　手动更改参考文献格式模板

在期刊投稿或撰写论文时需要符合特定参考文献格式的要求，EndNote 中现有的参考文献格式可能都不符合要求，这时就需要挑选一种离目标参考文献格式最接近的模板进行编辑，如果与 ACS 的参考文献格式模板最靠近，就可以选择在 ACS 参考文献格式模板的基础上编辑，可通过点击 Edit—Output Styles—Edit ACS 进入编辑参考文献格式界面（图 9-86）。界面由四部分组成，第一部分为期刊的基本设置，这些设置一般不作调整，第二部分为正文当中的引用格式，第三部分为文末部分参考文献格式，第四部分为脚注部分参考文献格式，应用得比较多的主要是第二部分和第三部分，也就是正文当中的引用格式和文末部分的参考文献格式（图 9-87）。

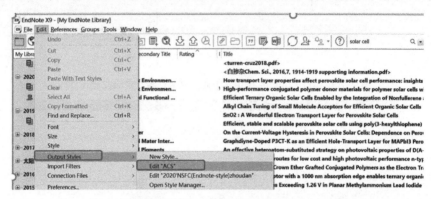

图 9-86　调整参考文献格式模板

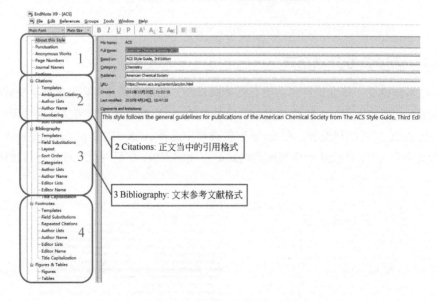

图 9-87　调整参考文献格式界面

9.8.2.1 正文中参考文献编号格式的更改

在日常的论文和报告写作中，经常需要根据实际要求对正文中参考文献的格式进行调整。比如要给参考文献在正文中的编号加上方括号，操作如下：打开 EndNote 软件，从 Edit—Output Styles—Edit ACS 进入编辑界面，点击第二部分 Citations 中的 Templates，将第一行 Bibliography Number 改成[Bibliography Number]（图 9-88），将修改后的参考文献 Style 保存至 ACS [1]（图 9-89），随后再进入 WORD 文档，Style 选择 ACS [1]，再点击"Update Citations and Bibliography"即可实现正文中的参考文献编号加上中括号。如果还要更改其他地方，方法类似。比如要把卷和期后面的逗号换成冒号，期刊名需要斜体只需要把模板"Author, |Title. |Journal |Year, |Volume|(Issue)|, Pages|."改成"Author, |*Title*. |Journal |Year, |Volume|(Issue)|: Pages|."即可。

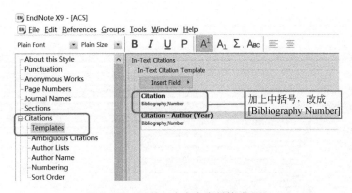

图 9-88　调整正文参考文献格式界面

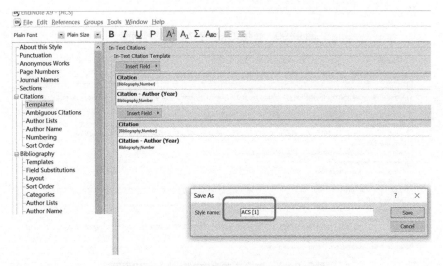

图 9-89　保存调整后正文参考文献格式界面

9.8.2.2 文末参考文献格式的更改

科技论文投稿被拒需要再更换期刊投稿时,经常需要更改文末参考文献的格式。比如在卷和期之间有空格,如果要取消这个空格怎么办?首先,打开 EndNote 软件,从 Edit-Output Styles-Edit ACS 进入编辑界面,找到第三部分 Bibliography, Templates,将 Journal Article 中|Volume|(Issue)|改成|Volume|(Issue)|,把 Volume 和 Issue 之间的空格删掉(图 9-90),点击 File-close style,系统提示是否需要在关闭之前保存该格式,点击是,再保存为 ACS Volume(Issue),点击 Save(图 9-91)即完成模板的修改。其次,进入 WORD 文档,Style 选择 ACS Volume(Issue),再点击"Update Citations and Bibliography"即可删除文末参考文献卷和期之间的空格(图 9-92)。如果参考文献其他地方也需要调整,只需找到对应位置进行调整,调整后保存为新的 Style,再到 WORD 文档选择保存的 Style,再进行 Update Citations and Bibliography 即可。

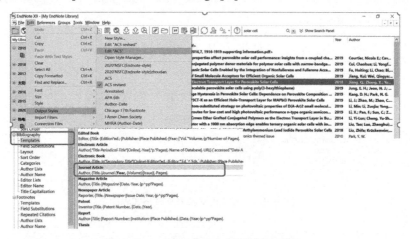

图 9-90 调整文末参考文献格式界面图

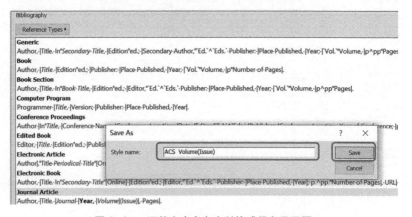

图 9-91 调整文末参考文献格式保存界面图

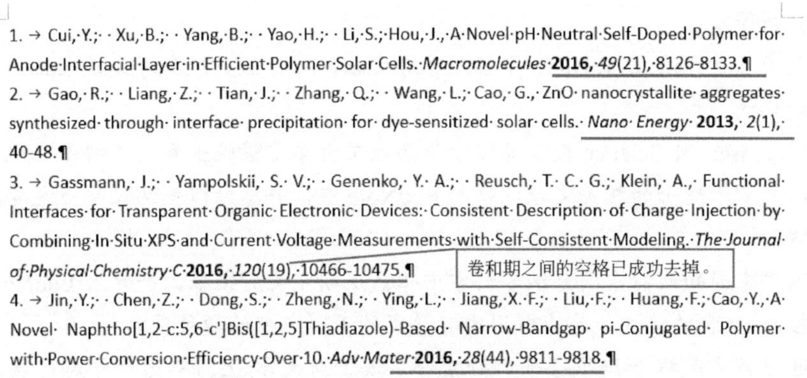

1. Cui, Y.; Xu, B.; Yang, B.; Yao, H.; Li, S.; Hou, J., A Novel pH-Neutral Self-Doped Polymer for Anode Interfacial Layer in Efficient Polymer Solar Cells. *Macromolecules* **2016**, *49*(21), 8126-8133.
2. Gao, R.; Liang, Z.; Tian, J.; Zhang, Q.; Wang, L.; Cao, G., ZnO nanocrystallite aggregates synthesized through interface precipitation for dye-sensitized solar cells. *Nano Energy* **2013**, *2*(1), 40-48.
3. Gassmann, J.; Yampolskii, S. V.; Genenko, Y. A.; Reusch, T. C. G.; Klein, A., Functional Interfaces for Transparent Organic Electronic Devices: Consistent Description of Charge Injection by Combining In Situ XPS and Current Voltage Measurements with Self-Consistent Modeling. *The Journal of Physical Chemistry C* **2016**, *120*(19), 10466-10475. 〔卷和期之间的空格已成功去掉。〕
4. Jin, Y.; Chen, Z.; Dong, S.; Zheng, N.; Ying, L.; Jiang, X. F.; Liu, F.; Huang, F.; Cao, Y., A Novel Naphtho[1,2-c:5,6-c']Bis([1,2,5]Thiadiazole)-Based Narrow-Bandgap pi-Conjugated Polymer with Power Conversion Efficiency Over 10. *Adv Mater* **2016**, *28*(44), 9811-9818.

图 9-92　文末参考文献格式已成功按要求更改

9.8.2.3　投稿时删去使用 EndNote 产生的宏

在投稿时，经常需要把使用 EndNote 产生的宏删去，避免出现乱码等情况。点击 Convert Citations and Bibliography—Convert to Plain Text 即可把参考文献编号的宏改成普通的文本（图 9-93）。

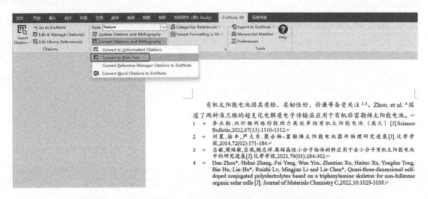

图 9-93　去掉使用 EndNote 产生的宏的操作界面图

EndNote 是一款较为经典的文献管理软件，学会学通使用 EndNote 可大大节约科研工作者的时间，让文献管理、输入及输出等变得更为高效。使得科研工作者有更多的时间和精力投入研发工作，为我们国家的科技创新奉献一分力量。

9.9　本章作业

[1] 自选课题，至少从五个网站导入不低于 100 篇参考文献到 EndNote 中（包含中英文数据库）。
[2] 利用 EndNote 的管理功能对文献进行管理，包含布局调整、去重、查找全文和

分析等。

[3] 利用三种方法在 WORD 中插入参考文献，并尝试更改参考文献在正文和末尾的格式。

[4] 通过 Web of Science 数据库检索华南理工大学曹镛院士和中国科学院化学研究所刘云圻院士的相关文献，导入 EndNote 中，并总结概括两位院士主要的研究方向。

[5] 通过中国知网检索国家纳米科学中心戴庆研究员的文献，并导入 EndNote 中，按照 ACS 的格式，导出引用次数最高的五篇文献的题录信息。

[6] 通过万方数据知识服务平台检索哈尔滨工业大学/上海交通大学赵连城院士的论文，并导入 EndNote 中，按照国标的格式，导出引用次数最高的五篇文献的题录信息，并总结赵连城院士的研究方向。

[7] 通过 ACS 检索西北工业大学黄维院士有关有机电子学与柔性电子学的相关文献，并导入 EndNote 中。

[8] 通过 RSC 检索华东理工大学田禾院士有关功能染料的相关文献，并导入 EndNote 中。

[9] 通过 Web of Science 数据库查找天津大学刘昌俊教授的文献，筛选出其中的综述论文，列出其题录信息。

第 10 章 科技论文写作

10.1 写作前的准备

在正式动笔撰写期刊论文之前,要做充足的准备,真正写作的时候才会一气呵成。

10.1.1 选题

论文的选题一方面要选择本学科亟待解决的科学问题相关的课题,另一方面要选择本学科处于研究前沿的课题。课题方向的选择需要灵敏的学术嗅觉甚至直觉,此能力非一朝一夕就能够掌握的,它的背后涉及大量学术底蕴的积累,长期的文献调研、阅读和学科前沿知识的洞察力。初入科研门的大多数学生并不具备这种能力,所以课题方向一般都是由导师指定和分配的。

10.1.2 文献查阅

课题方向确定后,要对课题内容进行文献查阅,了解相关背景,制定实验计划。要在浩如烟海的文献中迅速准确地检索出符合自己需要的文献,必须掌握文献检索方法,学会各种检索工具的使用方法和检索技巧。在查找文献时,以下四个方面的问题要格外注意。

10.1.2.1 检索前的思考

检索前必须首先理清下列问题:
① 明确文献查阅的目的,需要查什么,准备做什么。
② 是否已掌握了一定的文献资料,现有的资料中有没有提供可以进一步查找的线索。

③ 对查阅文献的时间、地域范围是否有界定？
④ 准备查阅哪类文献？专利、会议论文、期刊论文还是硕博士论文？
⑤ 用什么检索最有效？用综合性检索工具（如 Web of Science），还是专业性强的小型检索工具？

10.1.2.2　检索中的决断

① 检索过程中筛选文献必须做到心中有数。
② 仔细记录和保存检索结果，比如掌握文件管理软件 EndNote 的使用，以备建立专题文献资料档案。

10.1.2.3　检索后的分析和利用

① 对收集到的文献资源，经初步鉴别和筛选后，加以分类和排序。
② 选出重要文献仔细研读，通过分析、对比、推论和综合，进一步判断使用价值。
③ 进一步深入查阅文献中有参考价值的内容。
④ 必要时对获得的文献进行归纳，写出综述或评论（高级目标）。

10.1.2.4　养成调阅文献的习惯

化学化工工作者要熟练查阅和利用各种文献并非易事，其必须熟悉各种化学文献源及检索的基本知识，还需具备快速阅读的能力。这样的本领不是一朝一夕就能练就的。只有结合自己平时的课题需求，随时留意化学信息和动态，精选刊物，经常浏览和使用，日积月累，方能成就。

近年来，各学科交叉融合促使新期刊不断涌现，文献数量急剧增长。面对这种形势，只要合理地计划和安排，精选重点和核心刊物，特别是把浏览二次文献也列入计划之中，就可以大大节省时间，收到事半功倍的效果。经常浏览"新闻类"期刊，可以了解化学化工的前沿发展动态；一些内容比较契合自己研究方向的专业类期刊，可以精读。此外，建议刚刚入门的学生大量阅读自己领域内的综述类文章和硕博士论文。

把查阅文献纳入自己整个科研活动之中，养成一种习惯，长此以往，文献阅读、分析和利用的能力会不断提高，个人的知识结构和学术水平也会日渐向更高层次发展。

10.1.3　论文类型的选择

10.1.3.1　研究论文（Research Articles）

研究论文篇幅较长，属于大多数研究者主要撰写的论文类型。研究论文从研究内容的角度进行分类，可分为两种，基于精心设计的研究方案，得到完整全面的研究成果，属于理论性基础研究；涉及新的理论、新的技术突破或者重大发明属于应用性基础研究。完整的研究论文，已发表的类似研究或先例应被完整地引用，不可故意回避。

10.1.3.2 快报（Communication）

快报是指具有重大价值、影响力大的简短文章，研究成果意义重大。文章通常是一些较有新意的发现，但是由于实验条件或其他条件的限制，还没有进行很深入的探究；还有一种情况是为了抢占前沿论文的先机，避免失去新颖性而需要快速发表。这种类型的文章篇幅很短，快报类期刊对于内容字数、图表数量的限制是非常严格的。如果你的研究进行得较为全面，期刊很可能会因为你的研究过于详尽不符合快报的要求而拒稿。英国皇家化学学会的 *Chemical Communication*，以及 Nature 旗下的子刊 *Nature Communication* 上刊登的文章都属于这一类型。

10.1.3.3 综述（Review Article）

综述是对某一课题进行总结和展望的论文，内容多，篇幅长。综述不涵盖原始研究，而是将针对特定主题的许多不同文章的结果，积累成对该领域最新研究进展的连贯叙述。综述由在特定领域具有专长的科研人员，在对某科技研究领域的文献进行广泛阅读和理解的基础上，对该领域研究成果进行综合和思考后，完成文献的整理和提取，属于二次文献范畴。

综述并非一般的"背景描述"，是大量研究阅读文献后对该领域研究成果的总结和思考。Science Citation Index（SCI）期刊的综述作者都是某领域的领军人物，一般采用约稿形式，由编辑委员会发出邀请。一般不请自来的综述作者会被要求投稿前，先将投稿建议书发到期刊编辑部，同意投稿后才能动手撰写。化学领域里面最为著名的综述类期刊是 *Chemical Reviews*。

10.1.3.4 阅读"作者须知"或"投稿指南"

不同的投稿杂志都有不同的投稿格式要求。当确定要投稿的期刊之后，登录期刊投稿页面，在英文期刊的 For authors、information for authors、guide for author 等选择菜单栏中找到目标期刊的投稿须知，认真阅读，大多数期刊对论文的格式要求大同小异，然后根据要求对你投稿的论文逐条修正。其次，登录期刊的网站找到投稿须知，认真阅读，字体：中文一般选用宋体，英文一般用 Times New Roman 字体。不同层级的标题：注意是否加粗，字体是否有要求，标题的大小写。字号：不同期刊有不同要求，一般为小四号字体。字数：很多期刊对文章字数没有硬性要求，但也有期刊会对字数有限制要求。斜体：个别的统计相关的字符或者拉丁学名要用斜体表示。建议下载 2~3 篇目标期刊同类型的近期发表的文章作模板，参考模板修改格式。当目标期刊已发表的文章的格式与投稿须知的格式有冲突时，优先选择按投稿须知的格式进行修改。

10.2 期刊论文的框架与撰写要点

10.2.1 期刊论文题名（Title）

题名是连接文章和读者的桥梁。题名的好坏将直接影响到论文的质量和推广度。首先，一个好的论文题名应该是论文核心内容最恰当简明的概括；其次，好的题名应该能吸引读者的兴趣；好的题名也应该包含所述研究的重要关键词，使它更容易被读者定位、检索和发现。论文的题名既要简短明确地反映论文的主题，还要与其他同类论文相区别，避免雷同，因此必须坚持"意惟其多，字惟其少"的原则。中文题名一般控制在 20 字内，英文题名一般为 10 个实词内。题名不用标点，避免使用化学式、上下角标、特殊符号和未得到国际公认的缩略词。

10.2.2 作者姓名+通讯地址

论文作者应当是对所述工作和论文撰写有直接实际贡献的人员。一般论文作者资格的界定如下：①课题的构思与设计，资料的分析和解释；②文稿的写作或对其中重要学术内容作重大修改；③参与最后定稿，并同意投稿和出版。以上 3 项条件应全部具备方可成为作者；作者的排列顺序应当按照贡献大小由所有作者共同决定；每位作者均享有论文著作权，都应该能够就论文的全部内容向公众负责。通讯作者应留下联系方式，便于读者联系。与工作无关的亲朋好友、工作辅助人员、受委托进行测试或样品制作的个人不具有论文署名权。

国外期刊一般会尊重作者对自己姓名的表达方式（但大多倾向于大写字母只限于姓和名的首字母）。以作者"张三三"为例，可分别表达为 Sansan Zhang、San'san Zhang 或 San-san Zhang，其文章被他人引用时，作者姓名有可能被缩写为"Zhang S"或"Zhang S S"等形式。但是建议同一位作者应尽量采用相对固定的英文姓名的表达形式，以减少在文献检索和论文引用中被他人误解的可能性。

10.2.3 摘要（Abstract）

摘要是对论文内容的简短陈述，不含注释和评论，是论文内容极其精简的概括，摘要可让读者对你的文章有一个初步性的了解。摘要的基本写法是：使用简短的句子进行陈述，用词应为潜在的读者所熟悉；中文文章一般不使用第一人称"我们"，而用"文章""本文"或者干脆省略主语；注意表述的逻辑性，尽量使用指示性的词语来表达论文的不同部分（层次），首先肯定你所研究的问题的重要性→现有研究存在的不足之处→对此你提出了什么样的方法→该方法是怎么做的（首先，……；其次，……；然后，……；最后，……）→实验结果表明你的方法的有效性；要确保摘要的"独立性"或"自明性"：摘要尽量避免引用文献、图表和缩写，化学结构式、数学表达式、角标和希腊文等特殊符号也尽量避免使用；摘要应尽量包括论文的主要论点和重要细节（重要的论证或数据），研究中的创新、重要之处可适当强调。

论文的摘要和结论在写作中要注意区分，摘要包含目的、方法、主要结果和结论；而结论重点强调主要结果或论点，概述研究成果可能的应用前景及局限性，建议需要进一步研究的课题或方向。这是论文写作中最容易混淆的两部分。

10.2.4 关键词（keywords）

关键词是为了满足文献标引或检索工作的需要而从论文中选取的核心词或词组，数量适中，一般为 4～6 个。关键词一般包括主题词和自由词。主题词从各学科主题词表中选取，有些期刊提供关键词数据库，选择时尽可能具体到特定范围，但不要使用过于宽泛的词作关键词（例如：有机化合物、分析化学，等等），以免失去检索的作用。自由词是文章中的重要词汇但未收录在主题词表中的词。避免使用自定的缩略语、缩写字作为关键词，除非是科学界公认的专有缩写字（如 DNA）。

10.2.5 引言（Introduction）

引言言简意赅地描述所做研究的意义及创新点。引言就像故事的开头，同样的研究内容，故事能否讲好，直接决定了文章的档次高低。可以毫不夸张地说，引言是一篇文章的灵魂。引言的整体风格应该是：言简意赅，逻辑明确，创新点突出，实事求是。

引言部分是让读者能够获取到论文思路的开端，一般包括 3 个主要内容。

① 综述研究背景　概述本项工作的研究背景（文献综述），列举重要的相关文献，说明和你的研究相关的研究现状。

② 指出存在问题　说明为什么要做这项工作。总的来说，前两部分内容是对你所研究的课题上他人所完成的一些成果的概括（前人工作的解决问题方式的优缺点，如 A 论文解决了什么问题，什么问题亟待解决。B 论文解决了什么问题，有可能合成的化合物步骤繁琐、造价太高、环境不友好或者性能较差等）。

③ 阐述研究目的　说明有别于他人的"想法"。根据别人存在的问题量身定制引出论文创新点（切记委婉含蓄）→本文主要内容和结果→价值及意义。一定要准确清楚地阐述你在这个研究课题上所做的工作以及贡献，叙述前人工作的欠缺以强

调自己研究的创新时，应慎重且留有余地，切忌过度自我吹嘘，谨慎使用"首次、最优、前所未有"之类的词。

引言部分是论文首次解释或定义专门术语或缩写词的地方，目的是帮助编辑、审稿人和读者阅读与理解；作者应引用"最相关"的文献以指引读者，力戒刻意回避引用最重要的相关文献（甚至是对作者研究具有某种"启示"性意义的文献），此外，不恰当地大量引用作者本人的文献也要避免。

10.2.6　材料与方法（Materials and Methods）

此部分内容包括详细、准确的材料（实验试剂的规格、制造厂家）、设备和试验过程。实验方法的描述要准确、详略得当、重点突出，包括所有必要的细节（以便他人能够重复实验）。

材料与方法部分一般按照实验开展的时间顺序来写，以便于读者容易理解整个实验过程，也可通过流程图和实验照片辅助描述，比起文字描述，图片描述更有利于理解某些复杂的实验过程。同时，实验过程描述的顺序最好和结果呈现的顺序一致或接近，有利于审稿人和读者对照起来阅读。对于前人或自己已发表的论文中描述过的实验方法，只需要简略地描述，并附上参考文献，如果对已有方法进行了改进，就要清楚地说明改进的理由，并且对这些方法的使用限度给予评价。

材料与方法部分是文章查重最容易出现问题的地方，因为一些论文属于同一体系，实验方法相同，过程大同小异。为了避免出现重复，对已有实验方法进行简单描述时，不能和已发表的论文有重复的句子，否则便会大幅度增加重复率，而过高的重复率会被期刊编辑直接拒绝。

10.2.7　结果与讨论（Results & Discussion）

论文中的 Results 部分，罗列实验或理论研究结果，是说明文的写法。作者应当基于数据的事实，分类别、层次、分段客观地描述自己的研究结果，一般只描述结果，而不作解释或比较，也不要附加个人的观点。结果的写作重在简练，客观，平实，少用转折。

对结果进行分类和分层时，要突出最具代表性的关键数据，也就是论文的卖点。此外，还要注意保持两个一致。第一，结果的内容应当与方法保持一致。每一条结果的内容都应当有对应的方法。结果有可复制性，也就是别人运用同样的方法也应该能够得出一致的结果。第二，结果的文字描述应当与图表对应一致。图文并茂最好，图表比文字更能传达准确信息。文字也不要简单重复图表内容，而应对图表进行高度凝练，比如用文字来指出图表中资料的重要特性或趋势。文字提供总结，图表提供细节支持。

论文中的讨论也就是 Discussion，采用议论文的写法。讨论是由论文结果加上文献资料或个人观点来做出推论，是对结果的延伸，要和 Introduction 拟解决的问题相呼应。在讨论部分，一般不重复描述所有结果，而是对部分关键结果采用层层递进的方式分析讨论，得出自己的观点。论文的实验结论和参考文献中他人的结果或结论都可作为分析推理过程中可使用的论据。

对结果的讨论一般涉及三种比较。第一是实际结果与预期结果进行比较，分析两种结果产生差异的原因。第二是与已发表相关文献的比较，通过比较，指出本研究的创新点、优势或特色。第三是与长远目标的比较，指出本研究对长远目标的贡献、理论意义或实用价值、推广前景等。

10.2.8 结论（Conclusions）

结论是对正文所得结果的总结归纳及适当引申，归纳包括最重要的结果、结果的重要内涵、对结果的认识等；而引申就是总结性地阐述本研究结果可能的应用前景、研究的局限性及需要进一步深入研究的方向。结论中不应涉及前文不曾指出的新观点，也不能简单地重复摘要、引言、结果等章节中的句子。一般论文摘要、引言和结论都涉及到简要概括文章主题和结果，但是三部分各有侧重。摘要是粗略描述结果中最关键的点；引言中是点出所得结果的要点，不必太具体；而结论是做全面而具体的归纳，必须有引申，也就是讨论。所以结论切记不要简单重复摘要和引言的内容。

Conclusions 是对讨论部分的总结。一个好的结论应该要做到两点，一要突出亮点，二要指明方向。突出亮点一般就是要突出本次研究的创新点。这个创新点可以是来自结果的结论，也可以是来自于研究目标或研究方法。指明方向则是要指明本次研究的局限性和尚未解决的问题，从而对今后的研究方向提出设想或建议。好的结论，亮点和方向，缺一不可。

10.2.9 致谢（Acknowledgements）

论文致谢部分内容包括感谢任何个人（有贡献但不足以成为署名作者的人员）或机构在技术上的帮助，其中包括提供仪器、设备或相关实验材料，协助实验工作，提供有益的启发、建议、指导、审阅，承担某些辅助性工作等；还包括感谢外部的基金帮助，如资助、协议或奖学金，有时还需附注资助项目号、合同书编号。对于感谢有关基金资助的信息，有些期刊要求将其放到"致谢"中，有些则要求将其放到论文首页的脚注中，所以在投稿之前一定要参阅拟投稿期刊的"作者须知"和该刊已发表论文的致谢部分，注意致谢的表达形式和相关要求。

10.2.10 参考文献（References）

参考文献是为撰写或编辑论文而引用的与论文主题密切相关的有关期刊或图书资料。论文中直接使用他人成果，包括图表、数据、公式、方法等，评价他人工作，将他人结果与本文结果对比，他人的研究与本文研究有高度关联等，都需要加注参考文献。所有引用的文献必须亲自阅读过，优先引用最必要、最新发表的同等重要的论文，避免过多地，特别是非必要地引用作者自己的文献。参考文献格式遵循拟投稿期刊的格式要求，确保文献各著录项（作者姓名，论文题目，期刊或专著名，发表时间等）正确无误。

10.3 科技论文投稿

10.3.1 拟投稿期刊的选择

历经"千辛万苦"撰写的一篇论文，如何选择合适的期刊投稿，也是要多方考虑的，稿件的主题应当适合期刊所规定的范围，一般期刊中的"读者须知"中会有刊登论文范围的说明，一般作者本人经常阅读和引用的期刊可以优先考虑。此外，以下因素也应该综合考虑。

文章类型：要根据文章的类型来筛选合适的期刊。大多数期刊倾向于发表原创研究论文，但是，如果想发表一篇快报或一篇综述等，就不适合投到这样的期刊。在投稿之前，请仔细阅读投稿指南，以明确你投稿的文章是否和期刊类型匹配。

稿件质量：客观地评价你的工作质量以及是否和你选择的期刊的水平匹配。每个人都想在顶级期刊发表文章，比如 *Nature*、*Science* 和 *PNAS*，但在顶级期刊发表并不是那么容易，*Nature* 的拒稿率为97%，大部分稿件不送审。总而言之，越是档次高的期刊，对研究的原创性的要求也就越高。所以要正确定位自己稿件的质量，避免多次投稿浪费较多的宝贵时间。

期刊的声誉：期刊当年的影响因子是前两年所有发表文章的平均引用次数。影响因子是用来进行期刊排名的工具之一。发表在高影响因子期刊上的文章被引用的概率高。但是影响因子并不是唯一值得考虑的因素，期刊在科学界的影响力（同行的看法）要高于期刊影响因子，也就是让你的研究工作被更多的同行看到才是最重要的。当然将论文发表在被著名数据库（比如 Web of Science）收录的期刊上，文章可以增加被检索到的概率，从而可以让更多人了解你的研究工作。

发表所需要的时间：研究时效性是否很强？如果时效性要求较高，最好挑一个反馈审稿意见很快的期刊。一般在期刊的网站上能找到大概的审稿周期。有时候出版时滞（稿件自接收至发表的时间）也是应该考虑的因素，避免因为时滞期太长影响下一步研究工作。

总之，筛选一个合适的期刊是科研过程中十分重要的一个环节。慎重考虑将你的文章投给哪个期刊。不要因为被最先选择的期刊拒稿而沮丧，你需要做的是根据审稿意见认真修改，改投下一个期刊。

10.3.2 与期刊编辑的联系

10.3.2.1 投稿信的撰写

选择好期刊后，投稿之前要撰写投稿信（Cover letter），Cover letter 决定了编辑看到你作品的"第一印象"，"外表好看"才能决定别人有没有兴趣去深入了解你的文章。Cover letter 遵循的总体原则是简短明了、重点突出。Cover letter 一般 2~4 段，长度最好控制在 A4 纸一页以内。

Cover letter 第一部分一般是和编辑打招呼，类似 Dear editor 之类，当然如果知道主编名字和头衔，写得具体一些就更好了。接着开门见山介绍自己要投稿文章的题目及类型。

第二部分包含两个内容，第一部分内容首先一句话概述文章研究主题及相关背景，接着用 1~2 句话描述目前相关研究现状，重点突出目前研究有哪些不足，最后用一句话概述本研究主要目标和闪光点。第二部分用 3~4 句话概述拟投稿论文的实验方法和主要发现，研究的潜在应用价值，说明本研究的利他性（对读者、其他研究者有哪些好处）以及和拟投稿期刊的契合度。

最后结尾要附上标准的原创性、无另投等作者声明，以及通讯作者的姓名、职称，详细的联系地址、电话号码、E-mail 等。

10.3.2.2 与编辑的联系

投稿后经过一段时间的等待会收到编辑决定信，一般可能的结果有如下几种：

① **接收**（Accept） 有两种情况，一种是直接接收，即论文投稿后被直接接收，无需任何修改，这种情况非常少见。另一种是有条件接收，即论文已被接收，前提是作者需作某些不重要的修改，比如格式上的，这种情况亦少见。

② **修改**（Revision） 大致分 3 种情况：a. 小修（Minor Revision），论文需要做小部分修改，修回后不需要再送给审稿人审阅。b. 大修（Major Revision），论文修回后通常要再送给上次的审稿人审阅。大修的论文在回复的时候一定要认真仔细，不可掉以轻心。由于作者的粗心大意、不够重视等原因，大修后被拒的情况时有发生，非常可惜。c. 拒绝，但可再投，即论文修改后可重新再投，要重新经过审稿流程，一般是送交与上一次不同的审稿人审阅。这种情况只要认真按审稿人及主编的

要求增补试验数据或积极回应审稿意见，也有很大的可能被接收。

修改时要仔细阅读并思考审稿人或编辑提出的修改意见，按照要求逐条说明修改。如果认为审稿人或编辑的修改建议不合理，可坚持己见，但一定要有充足的理由。修改稿不可拖拉，应尽快返回给编辑。

③ **拒稿**（Rejection） 被拒稿是大多数人在科研道路上不可避免的经历。论文被拒绝，并不等于文章没有发表的希望，只能说明这篇文章不适合该杂志而已，一定认真思考审稿人或编辑提出的拒稿意见，切忌将不做任何修改的原稿件转投他刊。每一份稿件在拒稿重新投稿的时候一定要严格遵循拟投稿期刊"作者须知"的规定，尊重拟投稿期刊所惯用的论文结构，重视图表的选择和设计，参考文献的引用应准确、适当，文法正确，量和单位的使用妥当。一定要重视稿件给编辑和审稿人的"第一印象"，好的"第一印象"是成功的一半。

参考文献

[1] 王良超,高丽. 文献检索与利用教程[M]. 北京:化学工业出版社,2014.
[2] 陈琼,朱传方,辜清华. 化学化工文献检索与应用[M]. 第 2 版. 北京:化学工业出版社,2015.
[3] 曾桂生,汤爱萍,钟劲茅. 化学文献检索与运用[M]. 北京:冶金工业出版社,2016.
[4] 赵乃瑄,冯新. 化学化工电子文献检索与分析策略[M]. 北京:化学工业出版社,2007.
[5] 王正烈,王元欣. 化学化工文献检索与利用[M]. 第 2 版. 北京:化学工业出版社,2011.
[6] 徐军玲,洪江龙. 科技文献检索[M]. 第 2 版. 上海:复旦大学出版社,2010.
[7] 王细荣,韩玲,张勤. 文献信息检索与论文写作[M]. 上海:上海交通大学出版社,2006.
[8] 童国伦,程丽华,张楷焘. EndNote & Word 文献管理与论文写作[M]. 第 2 版. 北京:化学工业出版社,2014.
[9] 张翠梅,周激. 化学化工文献与信息检索[M]. 第 2 版. 北京:国防工业出版社,2008.
[10] 齐忠恩,齐向阳,牛永鑫. 化学化工文献检索[M]. 第 2 版. 北京:化学工业出版社,2009.
[11] 姚钟尧. 化学化工科技文献检索[M]. 第 3 版. 广州:华南理工大学出版社,2007.
[12] 李一梅,罗时忠,王银玲,王伟智,卓淑娟. 化学化工文献信息检索[M]. 第 3 版. 合肥:中国科学技术大学出版社,2021.
[13] 李国辉,汤大权,武德峰. 信息组织与检索[M]. 北京:科学出版社,2003.
[14] 余向春. 化学化工信息检索与利用[M]. 第 3 版. 大连:大连理工大学出版社,2008.

电子教学课件获取方式

请扫描下方二维码关注化学工业出版社"化工帮 CIP"微信公众号,在对话页面输入"化学化工文献检索简明教程电子教学课件"发送至公众号获取电子教学课件下载链接。